Einmal König sein!

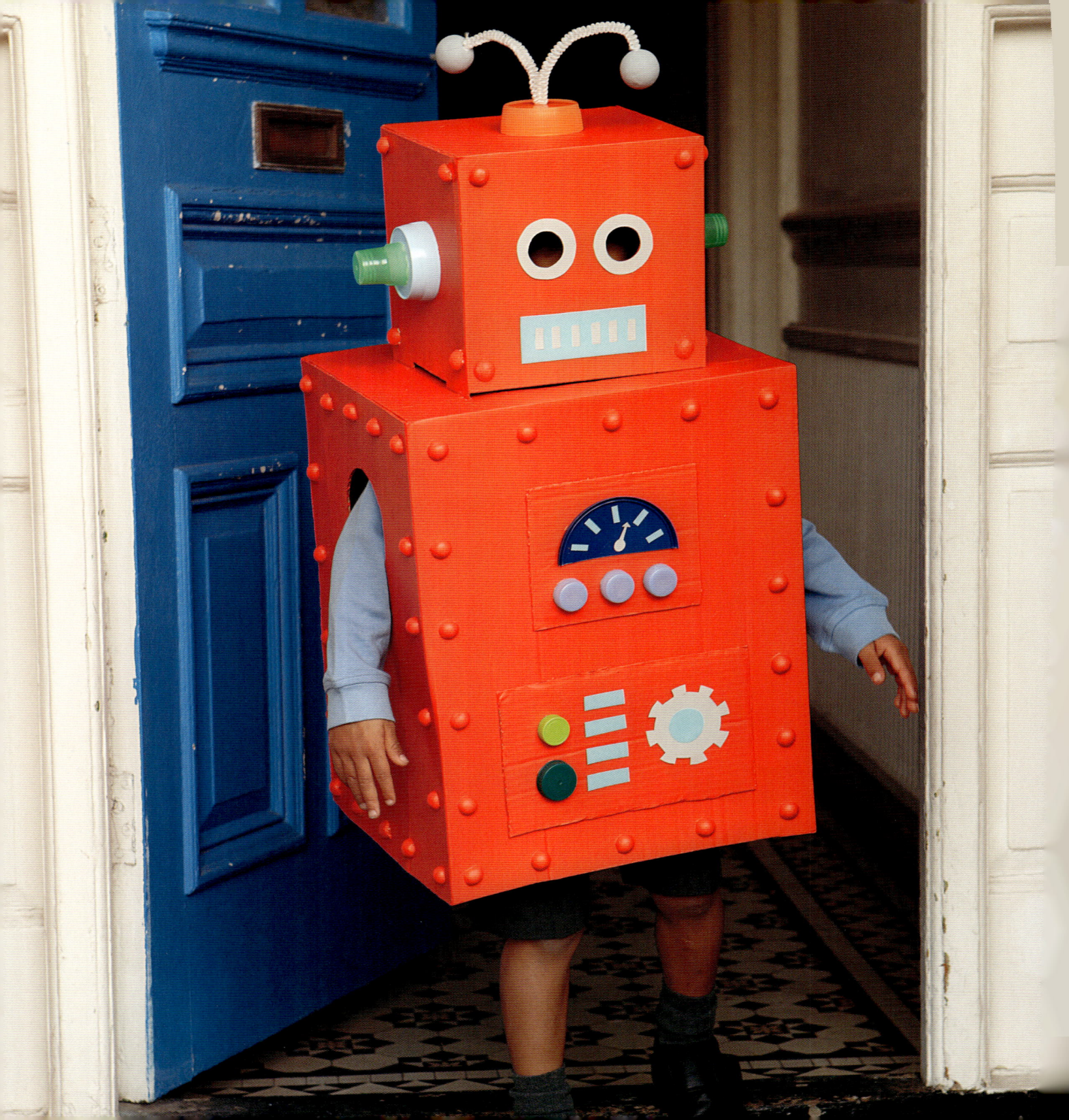

Emma Hardy

Einmal König sein!

Kinderkostüme selber nähen

Erstveröffentlichung 2010 unter dem Titel „Cute and Easy Costumes for Kids" bei CICO Books, einem Imprint von Ryland Peters & Small Ltd

20–21 Jockey's Fields, London WC1R 4BW
519 Broadway, 5th Floor, New York, NY 10012

Text-Copyright © Emma Hardy 2010
Copyright Fotografie, Gestaltung und Layout © CICO Books 2010
Die Rechte der Autorin sind in allen Fällen gewahrt.

Redaktion: Alison Wormleighton
Design: Roger Hammond
Layout: Louise Leffler
Fotografien: Terry Benson
Illustrationen: Michael Hill

Rechte der deutschen Ausgabe:
© 2011 Christophorus Verlag GmbH & Co. KG, Freiburg
Alle Rechte vorbehalten.

ISBN 978-3-8410-6105-8
Art.-Nr. OZ6105

Übersetzung: Lina Feske
Redaktion der deutschen Ausgabe: Franziska Schlesinger
Lektorat der deutschen Ausgabe: 360°, Berlin
Satz: GrafikwerkFreiburg
Covergestaltung: Yvonne Rangnitt

Printed in China

Sämtliche Modelle, Illustrationen und Fotografien sind urheberrechtlich geschützt. Jede gewerbliche Nutzung ist untersagt. Dies gilt auch für eine Vervielfältigung bzw. Verbreitung über elektronische Medien.
Der Verlag hat die größtmögliche Sorgfalt walten lassen, um sicherzustellen, dass alle Angaben und Anleitungen korrekt sind, kann aber im Falle unrichtiger Angaben keinerlei Haftung für eventuelle Folgen, direkte oder indirekte, übernehmen.
Die gezeigten Materialien sind zeitlich unverbindlich. Der Verlag übernimmt für Verfügbarkeit und Lieferbarkeit keine Gewähr und keine Haftung.

Inhalt

Einführung 6

KAPITEL 1
Tierreich
Marienkäfer 10
Dinosaurier 14
Schmetterling 18
Rentier 20
Löwe 22
Spinne 26
Lämmchen 30

KAPITEL 2
Abenteurer
Pirat 34
Astronaut 36
Superheld 40
Ritter 42
Torero 46
Gladiator 50

KAPITEL 3
Märchenwelt
Prinzessin 56
Fee 60
Blütenköpfchen 64
Rotkäppchen 66
Engel 68
Heinzelmann 70
Lebkuchenmann 72
Cupcake 74

KAPITEL 4
Kostümklassiker
Cowboy mit Pferd 80
Roboter 84
Krankenschwester 88
Indianer 90
Hulamädchen 92
König und Königin 94
Zauberer 98
Clown 100

KAPITEL 5
Halloween
Hexe 104
Kürbis 106
Außerirdischer 108
Skelett 112
Schwarzer Kater 114
Frankenstein 116

Techniken 120
Kostümgrundschnitte 122
Bezugsadressen 127
Dank 127
Register 128

Einführung

Kinder lieben es, sich zu verkleiden, ihre Fantasie in Rollenspielen auszuleben und Geschichten zu erfinden. Diese 35 Kostüme helfen ihnen dabei – hier findet sich etwas für jede Gelegenheit.

Es gibt viele Kinderkostüme zu kaufen, aber die Lieblingskostüme Ihrer Kinder, an die sie sich noch Jahre später erinnern werden, sind die, die Sie extra für sie gemacht haben. In diesem Buch finden Sie Grundschnitte, die Sie für alle Kostüme immer wieder verwenden können, mit zusätzlichen Anleitungen für Dekore und sonstige Extras für einzelne Projekte. Entscheiden Sie sich einfach für ein Kostüm, suchen Sie die Schnittteile heraus, pausen Sie sie ab und legen Sie los.

Zu jedem Projekt gibt es eine Materialliste, aber für die meisten Projekte können Sie Stoffe und Materialien verwenden, die Sie zu Hause haben. Die Anleitungen führen Sie Schritt für Schritt durch jedes Projekt. Am Ende des Buches findet sich eine Einführung in die Grundtechniken, die Ihnen den Einstieg erleichtert.

Alle Kostüme lassen sich in weniger als einem Tag fertigstellen (mit Ausnahme des Astronautenhelms, der ein paar Tage zum Trocknen braucht). Ich wollte die Dinge so einfach wie möglich halten und habe deswegen ein Minimum an Schnittteilen für die einzelnen Kostüme verwendet. Auch die Nähte sind einfach und schnell auszuführen. Es hilft, wenn man Stoffe verwendet, die nicht zu sehr ausfransen, oder wenn man sie mit der Zackenschere zuschneidet, die das Ausfransen verhindert.

Die Grundschnitte für die Kostümelemente werden in drei Größen angeboten, für die anderen Kostüme gibt es spezielle Größenangaben, aber es empfiehlt sich natürlich, die Maße Ihres Kindes zu ermitteln und die Größen, wenn nötig, anzupassen, bevor Sie den Stoff zuschneiden. Die Stoffmengen sind jeweils für die größten Schnittgrößen angegeben, für eine kleinere Größe brauchen Sie daher etwas weniger.

Ich wünsche mir, dass Sie die Grundschnitte und Ideen in diesem Buch zu Ihren eigenen Kostümkreationen anregen werden – aus den Lieblingsstoffen und in den Lieblingsfarben Ihres Kindes und mit Ihrer ganz persönlichen Note! Kinder scheinen für die Schule und für Kostümfeste immer einen Nachschub an Verkleidungen zu brauchen und ich hoffe, dieses Buch wird hilfreich sein, wenn Ihr Kind ankündigt, dass es schon für den nächsten Tag ein Kostüm braucht!

TIPP

Verzieren Sie normale Turnschuhe mit hübschen Schleifen aus zwei Bändern von 30 cm Länge. Oben auf die Schuhe genäht, sind sie das i-Tüpfelchen auf dem Marienkäferkostüm.

Marienkäfer

Dieses niedliche Kostüm ist einfach anzufertigen und kann problemlos abgewandelt werden. Wenn Sie schwarze Punkte auf roten Stoff nähen, entsteht der Marienkäfer, mit gelben Streifen auf schwarzem Grund ein fleißiges Bienchen.

1 Zwei Quadrate (je 58 x 58 cm) aus rotem Stoff zuschneiden. Einen Kreis (Ø 8 cm) aus Papier zuschneiden, auf den schwarzen Filz stecken und zwölf Punkte ausschneiden (sechs für die Vorderseite, sechs für den Rücken).

2 Die Filzkreise jeweils auf die rechten Stoffseiten beider roten Stoffquadrate stecken, dabei den obersten und untersten im Abstand von 7,5 cm von der Ober- bzw. Unterkante anbringen, an den Seitenkanten je 10 cm frei lassen. Wenn Ihnen die Anordnung gefällt, die Punkte mit der Maschine aufnähen.

3 Die Seitenkanten beider Stoffstücke je 5 cm unter der Oberkante 2 cm breit einschneiden. 20 cm unterhalb dieser Einschnitte noch einmal einschneiden. Diese Schnitte bezeichnen die Armlöcher.

Material

* Stoff in Rot, 120 x 60 cm, dazu passendes Garn
* Schnittmusterpapier
* Filz in Schwarz, 70 x 60 cm, dazu passendes Garn
* Gummiband, 5 mm breit, 110 cm
* Sicherheitsnadel
* kurzes Stück Klettband
* 2 Pfeifenreiniger in Schwarz
* Haarreif in Schwarz
* 2 Kleiderbügel aus Draht, Drahtschneider, Schmuckdraht
* durchsichtige Strumpfhose in Schwarz
* Gummiband in Schwarz, 5 mm breit, 68 cm
* Zierband, 70 cm
* T-Shirt und Strumpfhose oder Leggings in Schwarz

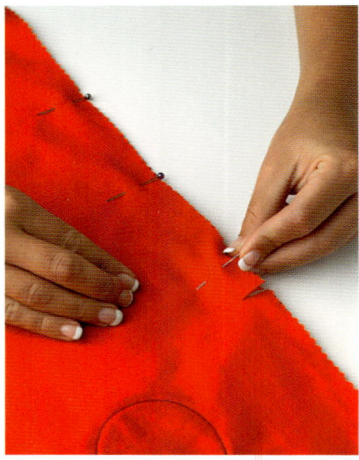 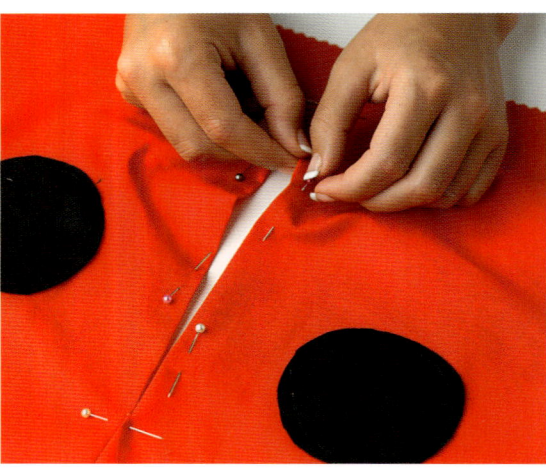 

4 Die beiden Stoffquadrate rechts auf rechts an den Seiten, ober- und unterhalb der Einschnitte, zusammenstecken und mit 2 cm Nahtzugabe steppen. Die Nähte auseinanderbügeln. Auf rechts wenden.

5 Die Nahtzugabe an den Armlöchern nach links umschlagen. Parallel zu den Armlöchern feststecken und steppen, ober- und unterhalb eines jeden Armlochs zur Verstärkung zweimal quer übersteppen. Bügeln.

6 Die Ober- und Unterkante 2 cm breit zur Rückseite umschlagen. So stecken und nähen, dass ein Tunnel entsteht. Dabei jeweils eine Öffnung für den Gummibandeinzug lassen. Zwei Gummibänder von ca. 55 cm Länge schneiden und in die Tunnel einziehen. Am besten geht das mithilfe einer Sicherheitsnadel. Danach die Nadel entfernen und die Enden der Gummibänder aufeinandernähen. Die offene Nahtstelle schließen.

7 Mithilfe von Schnitt 1 einen Kragen aus Filz schneiden. Dieser liegt nur lose auf und wird nicht angenäht. Zum Schließen ein Stück Klettband auf die Unterseite des einen Endes nähen, das Gegenstück auf die Oberseite des anderen Endes.

8 Für die Fühler vier Filzkreise (Ø 2 cm) zuschneiden und je zwei über die oberen Enden der Pfeifenreiniger nähen; die unteren Enden um den Haarreifen winden. Für die Flügel so verfahren, wie auf Seite 62 und 63 beschrieben. Das schwarze Gummiband zum Ring knoten und so um die Flügelmitte binden, dass zwei Armschlaufen entstehen. Eine Zierbandschleife um die Flügelmitte binden.

Tierreich

Dinosaurier

Dieses Kostüm ist ebenso süß wie einfach – angehende Paläontologen werden ganz wild darauf sein. Verwenden Sie als Ausgangsbasis einen Strampelanzug und bestücken Sie ihn mit Rückenstacheln, Schwanz und Stoffflecken. Für ältere Kinder nähen Sie die Rückenstacheln einfach auf ein T-Shirt und den Schwanz an ein Paar Leggings.

Material

* Schnittmusterpapier
* Karostoff, 75 x 50 cm, dazu passendes Nähgarn
* Volumenvlies
* doppelseitig beschichtete Bügeleinlage (Applikationsvlies)
* Stoffreste für die Flecken
* Strampelanzug in Grün
* Baumwolljersey in Grün, 108 x 40 cm, dazu passendes Nähgarn
* Füllwatte zum Ausstopfen
* kurzes Stück Klettband

1 Die beiden Dreiecke von Schnitt 5 auf Papier übertragen und ausschneiden. Auf den Karostoff stecken und zwölf kleine Dreiecke sowie zehn große Dreiecke zuschneiden. Jeweils zwei Dreiecke rechts auf rechts an zwei Seitenkanten zusammenstecken und mit Nahtbreite von 1 cm nähen. Man erhält sechs kleine und fünf große Zacken. Die Nahtzugaben zurückschneiden, die Zacken auf die rechte Seite wenden und bügeln.

2 An je zwei Seiten der Papierdreiecke einen Streifen von 1 cm abschneiden. Jeweils auf das Volumenvlies stecken und sechs kleine und fünf große Vliesdreiecke zuschneiden. Das Vlies in die Karozacken einlegen.

3 Die ovalen Flecken von Schnitt 4 auf Papier übertragen und ausschneiden. Gemäß den Anweisungen des Herstellers die Bügeleinlage auf die Rückseite des Stoffs für die Flecken bügeln. Mithilfe der Papierschnitte von jeder Größe drei Ovale auf den Stoff zeichnen. Flecken ausschneiden. Schutzfolie ablösen und die Flecken in Dreiergruppen auf den Strampelanzug bügeln. Die Kanten umsteppen (dabei nur durch eine Lage des Strampelanzugs nähen).

Tierreich

5 Mit Schnitt 2 aus Jersey zwei Teile für den Schwanz zuschneiden. Ein Schwanzstück mit der rechten Seite nach oben legen und eine kleine Zacke und zwei große Zacken an eine Seitenkante stecken; die Schnittkanten liegen aufeinander und die Ecken überlappen sich. Heften.

4 Den Strampelanzug auf links wenden und den Rücken entlang der Mitte 25 cm lang aufschneiden, damit unterhalb der Halsblende beginnen. Zwischen die beiden Stofflagen rechts auf rechts drei große Zacken einlegen; alle ungenähten Schnittkanten liegen aufeinander. Stecken, heften und mit 5 mm Nahtbreite wieder zusammennähen.

6 Das zweite Schwanzstück mit der rechten Stoffseite nach unten darauflegen, stecken und mit Ausnahme der geraden Kante ringsherum 1 cm breit absteppen. Auf rechts wenden und bügeln.

TIPP

Wenn Sie keinen farbigen Strampelanzug und passenden Jerseystoff zur Verfügung haben, verwenden Sie einfach einen Strampler sowie Stoff in Weiß (die Kapuze lässt sich aus einem weißen T-Shirt ausschneiden) und färben Sie diese zu Hause mit Stofffarben, die für die Waschmaschine geeignet sind. Stofffarben gibt es in vielen verschiedenen Farbtönen.

7 Den Schwanz mit Füllwatte so fest ausstopfen, dass er seine Form nicht wieder verliert. Die offenen Stoffkanten 1,5 cm nach innen schlagen. Den Schwanz mit Saumstichen im Anschluss an die Rückenzacken an den Strampelanzug nähen.

Tierreich

8 Für die Kapuze Schnitt 3 zweimal aus Baumwolljersey zuschneiden. Die übrig gebliebenen fünf kleinen Karozacken wie abgebildet rechts auf rechts und Schnittkante an Schnittkante an eines der Kapuzenteile stecken. Anschließend heften.

9 Das zweite Kapuzenteil rechts auf rechts über das erste Kapuzenteil legen und die Teile zusammenstecken. An der Bogenkante mit 1 cm Nahtbreite steppen. An der Rundung die Nahtzugabe mehrmals einschneiden. Auf rechts wenden und bügeln. An den offenen Kanten je 1 cm nach innen schlagen. Rundherum stecken und steppen. Klettband an die Enden des Kinnverschlusses nähen, ein Teil auf die Stoffunter-, das Gegenstück auf die Stoffoberseite.

Schmetterling

Mit diesen wunderhübschen Flügeln schwebt Ihr kleiner Schmetterling wie auf Wolken durch den Garten. Verwenden Sie Filz in fröhlichen Farben, ergänzt mit gemusterten Stoffresten und bunten Knöpfen. Die Applikationen wurden mit Bügelvlies befestigt, können aber natürlich aufgenäht werden, wenn die Flügel länger halten sollen.

Material

* Stoff in Uni, 80 x 130 cm
* Schnittmusterpapier
* beidseitig beschichtete Bügeleinlage (Applikationsvlies)
* Filz in drei oder vier Farben, je ca. 100 x 35 cm
* Reste farblich passender Stoffe
* 16 unterschiedliche Knöpfe, Garn
* 2 Stücke Gummiband in Schwarz, 5 mm breit, je 52 cm
* Volumenvlies, 65 x 55 cm
* farblich passendes Stickgarn, Sticknadel
* 2 große Knöpfe
* 2 dicke Pfeifenreiniger in Schwarz
* Haarreif in Schwarz
* Leggings und T-Shirt

1 Den einfarbigen Stoff in der Mitte falten. Die gerade Kante von Schnitt 6 an die Bruchkante stecken und den Stoff zuschneiden. Wiederholen, sodass zwei Doppelflügel entstehen. Mit Schnitt 7 Papierschablonen in drei Größen für die tropfenförmigen „Augen" des Schmetterlings und mit Schnitt 8 einen kleinen und einen mittelgroßen Kreis ausschneiden. Nach den Angaben des Herstellers auf eine Seite der Filzstücke Bügeleinlage bügeln und die tropfenförmigen Papierschablonen auf den Filz stecken. Ausschneiden. Auf diese Weise vier große, 16 mittelgroße und 16 kleine Tropfen herstellen.

2 Die Schutzfolie von den Filzformen abziehen. Den großen Tropfen unten und die drei mittleren Tropfen darüber auf der rechten Stoffseite einer Flügelhälfte platzieren. Bügeln. An der gegenüberliegenden Flügelhälfte wiederholen und dann noch einmal auf dem zweiten Flügelpaar. Auf die ersten Tropfenformen die kleineren bügeln. Dann Bügeleinlage auf die Rückseiten der Stoffreste bügeln und mit den beiden Papierschablonen aus Schritt 1 Stoffkreise schneiden. Diese auf die Filzformen bügeln. Auf die Kreise Knöpfe nähen.

3 In der Mitte eines Flügelpaares die beiden Gummibandstücke auf die Stoffoberseite stecken und heften, dabei das eine Ende unten und das andere oben ansetzen. Das andere Flügelpaar rechts auf rechts darüberlegen und stecken. Mit 1 cm Nahtbreite die Kanten absteppen, an der Unterseite 15 cm offen lassen. An den Rundungen die Nahtzugabe mehrmals einschneiden. Auf rechts wenden und bügeln. Gemäß der inneren Kontur von Schnitt 6 das Volumenvlies zuschneiden. Das Vlies in die Flügel einlegen. Die Öffnung mit Saumstich schließen.

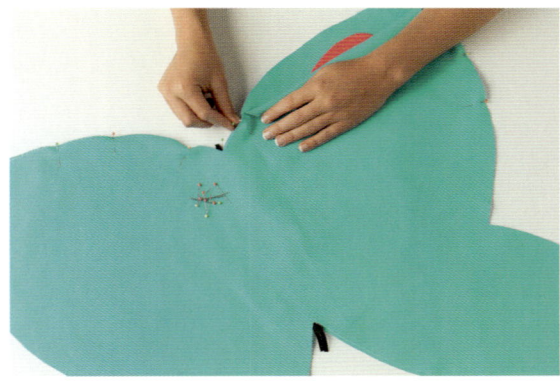

Tierreich

4 Mit Stickgarn und Vorstichen knappkantig die gesamte Außenkante umnähen. Am besten mit einem festen Knoten in der Mitte beginnen und enden, dann sind die Knoten beim Tragen nicht sichtbar.

TIPP

Für die Fühler je einen großen Knopf an ein Ende eines Pfeifenreinigers nähen. Die anderen Enden fest um den Haarreifen biegen.

Rentier

Wenn Sie in letzter Minute eine schnelle Lösung brauchen, ist dies das richtige Kostüm. Alte Handschuhe werden im Nu zum Geweih und natürlich dürfen Sie auf keinen Fall die rote Nase vergessen, die aus einem Wollpompon entsteht – sonst würde Rentier Rudolf ja etwas fehlen!

Material

* Filz in Beige, 20 x 16 cm, dazu passendes Stickgarn
* Volumenvlies, 20 x 16 cm
* Sweatshirt mit Kapuze in Braun
* Handschuhe in Braun, dazu passendes Stickgarn
* Füllwatte
* Pappe
* Garn in Rot
* Gummiband, 45 cm
* Leggings in Braun

1 Anhand von Schnitt 9 ein Bauchfell aus beigefarbenem Filz ausschneiden, außerdem ein Stück Volumenvlies, das ringsherum 1 cm kleiner sein soll. Das Vlies auf die vordere Außenseite des Kapuzenshirts legen und darauf den Filz feststecken. Darauf achten, dass er nur an die Vorderseite des Shirts gesteckt wird. Mit beigefarbenem Stickgarn und Vorstichen den Filz entlang der Außenkante von Hand aufnähen. Den Knoten am Anfang und am Ende in das Vlies hineinziehen.

2 Für das Geweih die Handschuhe mit kleinen Stücken Füllwatte so ausstopfen, dass keine Dellen oder Beulen entstehen. Die ausgestopften Handschuhe mit Vorstichen oben auf die Kapuze nähen, dabei mit braunem Stickgarn knapp über der Unterkante der Handschuhe nähen. Den Faden am Anfang und Ende mit ein paar kleinen Rückstichen sichern. Vor Abschluss der Näharbeit prüfen, ob das Geweih auch aufrecht steht. Sollte es etwas schlaff sein, noch Füllwatte zugeben.

Tierreich

3 Für die Pompon-Nase zwei Pappkreise (Ø ca. 7 cm) schneiden. Aus beiden in der Mitte ein Loch (Ø ca. 2 cm) herausschneiden. Die Kreise aufeinanderlegen und mit rotem Garn so lange umwickeln, bis kein Garn mehr durch das Loch passt. Mit der Schere zwischen die beiden Papplagen stechen und an der Außenkante entlang das Garn vorsichtig aufschneiden.

4 Das Gummiband durch die Mitte des Pompons ziehen. Einen 30 cm langen Faden zwischen den Pappscheiben um den Pompon legen und mit einem Doppelknoten verknoten. Die Pappringe wegschneiden und den Pompon in Form schneiden. Die Länge des Gummibands an den Kopf des Kindes anpassen und die Enden verknoten.

Löwe

Im Nu sind die Materialien für ein Kostüm zusammengestellt, das in jedem Kind tierische Instinkte wecken wird. Die Mähne besteht aus gefalteten und eingeschnittenen Filzstreifen, die um den Gesichtsausschnitt einer Kapuze genäht werden – und schon steht der König der Tiere vor Ihnen!

Material

* 3 Stück Wildleder- oder Fellimitat: für das Oberteil 114 x 110 cm, für die Hose 124 x 85 cm, für die Kapuze 60 x 35 cm, dazu passendes Nähgarn
* Filz in Beige, Gelb und Ocker
* Füllwatte
* Schnittmusterpapier
* kleines Stück Klettband
* kleines Stück Filz in Dunkelbraun
* Textilkleber

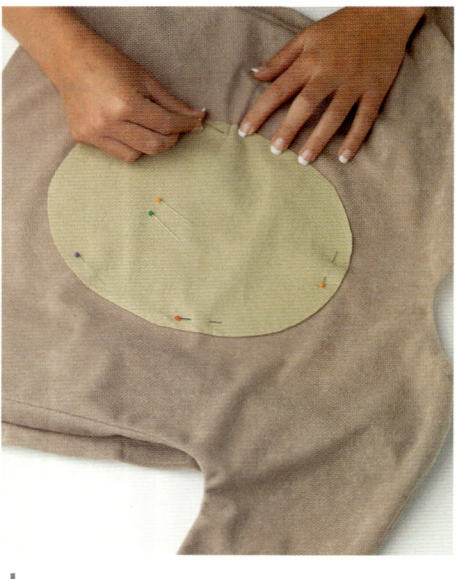

1 Nach der Anleitung von Seite 122 und anhand der Schnitte 75a und 75b ein Oberteil aus Wildleder- oder Fellimitat anfertigen. Mit Schnitt 50 ein Bauchteil aus beigefarbenem Filz schneiden und auf das Vorderteil stecken. Entlang der Außenkante des Ovals mit der Maschine aufsteppen.

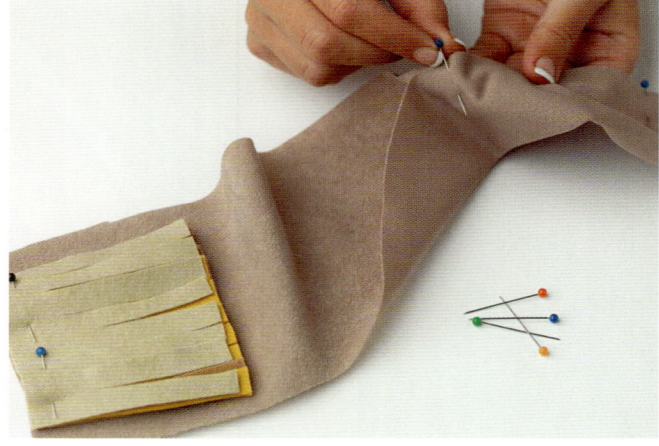

2 Mit Schnitt 76 zwei Hosenbeine aus dem Leder- oder Fellimitat zuschneiden. Die beiden langen Kanten zusammennähen (siehe Seite 123, Schritt 1). Einen Stoffstreifen für den Schwanz von 52 x 13 cm zuschneiden. Je ein Stück Filz in Gelb und Beige von 10 x 9 cm zuschneiden und an je einer Schmalkante 7 cm lange parallele Einschnitte vornehmen. Die Stücke aufeinanderlegen und rechts auf rechts, Schnittkante auf Schnittkante, mittig an ein Schwanzende stecken. Den Schwanz der Länge nach rechts auf rechts falten und entlang der offenen Längskante sowie an dem Ende mit den Filzstücken stecken und steppen.

3 Den Schwanz von innen nach außen wenden und mit Füllwatte ausstopfen; mit einer Stricknadel oder Ähnlichem die Watte bis in die Schwanzspitze schieben.

Tierreich

4 Ein Hosenbein auf rechts wenden. In das zweite Bein einlegen, die rechten Stoffseiten zeigen zueinander. Zwischen beide den Schwanz einlegen, das offene Schwanzende steht etwas über. Stecken, heften und den Schritt mit einer Nahtzugabe von 1 cm auf der ganzen Länge steppen. An der Rundung die Nahtzugabe einschneiden. Die Hose fertigstellen (siehe Schritt 3, Seite 123).

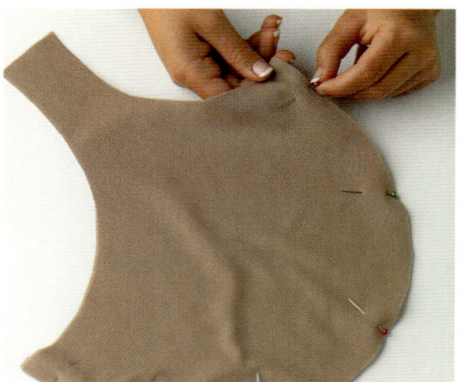

5 Für die Kapuze anhand von Schnitt 3 zwei Stoffteile aus Leder- oder Fellimitat zuschneiden. Rechts auf rechts entlang der gebogenen Außenkante zusammennähen, verstürzen und die Naht ausbügeln.

6 Die Unterkante 1 cm breit zur linken Seite umschlagen und mit der Maschine festnähen. Die Enden der Kinnriemen 1 cm breit umschlagen und die beiden Teile des Klettbands aufnähen, eines auf die Unterseite des einen, das zweite auf die Oberseite des anderen Riemenendes.

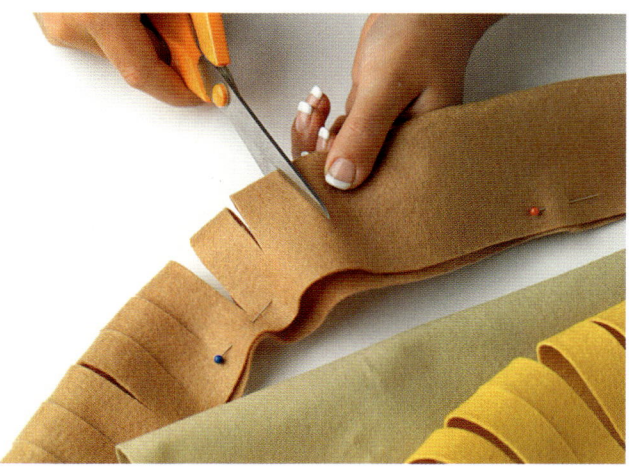 

8 Das schmale Mähnenstück so auf das mittelbreite stecken, dass die Schnittkanten aufeinanderliegen, dann beide auf die gleiche Weise auf das breite gelbe stecken. Mit einer neuen Nadel nähen, da die Nadel durch sechs Filzlagen stechen muss.

7 Für die Mähne einen Streifen aus Filz in Ocker von 60 x 14 cm, in Beige von 60 x 18 cm sowie in Gelb und Beige von je 60 x 22 cm zuschneiden. Alle Streifen der Länge nach in der Mitte falten und die Kanten zusammenstecken. Quer zu den Bruchkanten parallele Einschnitte vornehmen, an den Oberkanten etwa 2 cm nicht einschneiden. Es stört nicht, wenn die Einschnitte etwas unregelmäßig werden.

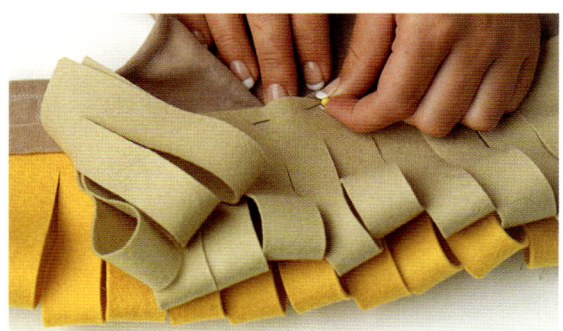

9 Die Mähne an die Innenseite der Gesichtsöffnung der Kapuze stecken und festnähen. Das breite beigefarbene Stück Mähne an die Außenseite der Kapuze stecken und durch alle Lagen hindurch festnähen.

10 Die Tatzen gemäß Schnitt 51 viermal aus Leder- oder Fellimitat zuschneiden. Anhand von Schnitt 52 für die Ballen zwei Sets aus dunkelbraunem Filz schneiden und jeweils auf die Außenseiten von zwei Tatzenteilen kleben. Darauf achten, dass eine linke und eine rechte Tatze beklebt wird. Dann die beiden anderen Tatzenteile rechts auf rechts daraufstecken. Knappkantig zusammensteppen, die Unterkanten bleiben offen. Wenden. An der Unterkante einen Saum von 1 cm umschlagen und nähen.

TIPP

Wenn Sie Kunstpelz anstelle von Wildlederimitat verwenden, erhält der Löwe ein kuscheliges Fell. Die Schnittteile eignen sich für eine ganze Reihe von Wildkatzen: Für einen Tiger wählen Sie beispielsweise einen gestreiften Stoff und nähen anstelle einer Mähne Ohren auf die Kapuze. Für einen Leoparden benötigen Sie ein Fellimitat mit Leopardenmuster.

Spinne

Krabbelspinnen können auch süß aussehen! Die Beine entstehen aus Wollstrumpfhosen, ein Stoffkörper und eine Haube mit Filzfühlern vervollständigen das Outfit. Alternativ können Sie gestreifte Strumpfhosen verwenden oder Fellimitat für einen haarigen Körper.

Material

* Stoff für den Körper, 116 x 65 cm, dazu passendes Nähgarn
* Gummiband in Schwarz, 5 mm breit, 186 cm
* Sicherheitsnadel
* 4 Wollstrumpfhosen in Schwarz in Erwachsenengröße
* Füllwatte zum Ausstopfen
* Filz in Schwarz, 60 x 40 cm
* Stickgarn
* Band in Schwarz, 5 mm breit, 290 cm
* Baumwolljersey in Schwarz, dazu passendes Nähgarn
* kleines Stück Klettband
* Textilkleber
* Strumpfhose oder Leggings und langärmliges T-Shirt in Schwarz

1 Für den Körper zwei Stoffstücke von 58 x 65 cm zuschneiden und nach den Schritten 3–6 des Marienkäfers vorgehen (siehe Seiten 11–12). Die Armlöcher 5 cm unterhalb der Oberkante ansetzen, Länge 20 cm.

2 Für die Spinnenbeine die Beine der Strumpfhosen abschneiden; sie sollten etwa 55 cm lang sein. Mit Füllmaterial ausstopfen, Lücken und Beulen ausgleichen.

3 Anhand von Schnitt 10 zwei Ovale aus schwarzem Filz für den Rücken schneiden. Zwei Gummibänder auf je 38 cm Länge schneiden und zu Ringen knoten. Beide Schlaufen über eine Länge von ca. 5 cm auf eines der Filzstücke stecken (siehe Foto). Die Gummischlaufen über diese Länge festnähen.

4 Das Rückenstück mit den Gummibändern nach unten auf die Arbeitsfläche legen. An einer Außenseite vier Beine anstecken und aufnähen. Die übrigen Beine an die andere Seite stecken und nähen. Das kann etwas unhandlich sein, daher ist es ratsam, um die Nähmaschine herum viel freien Platz zu schaffen.

6 Die Spinne flach auf die Arbeitsfläche legen, die Beine gleichmäßig abspreizen. Die vier Beine auf einer Seite der Spinne mit einem 55 cm langen Band verbinden. Hierfür das Band von Hand unweit der Beinenden auf die Beinrückseiten nähen. Die Enden einschlagen und festnähen. Die anderen Beine mit einem zweiten Band verbinden.

7 Zwei 75 cm lange Bänder zuschneiden und auf jeder Seite eines mit einem festen Knoten um das oberste Spinnenbein binden. Später werden damit die Beine am Handgelenk des Kindes festgebunden.

5 Das andere Rückenteil daraufstecken und den Zwischenraum zwischen den Lagen dünn mit Füllwatte ausstopfen. Mit Stickgarn und Vorstichen ringsherum beide Lagen zusammennähen.

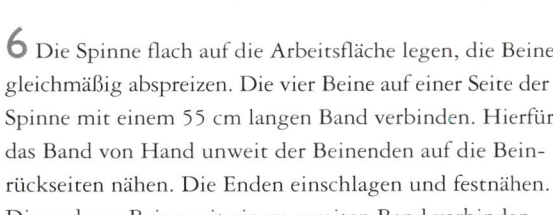

8 Für die Haube anhand von Schnitt 3 zwei Teile aus schwarzem Jersey zuschneiden. Rechts auf rechts zusammenlegen, stecken und entlang der nach außen gebogenen Kante mit einer Nahtbreite von 1 cm nähen.

9 Die ungenähten Schnittkanten 1 cm breit einschlagen, stecken und steppen. Die Enden des Kinnriemens um die gleiche Breite einschlagen und die beiden Klettbandstücke daran befestigen, eines oben an das eine Ende, das andere unten an das zweite Ende. Die Haube auf rechts wenden. Aus Filz zwei Quadrate von 7,5 cm Seitenlänge schneiden. Je eine Seite mit Kleber bestreichen und zusammenrollen. So lange festhalten, bis der Kleber trocken ist (alternativ dazu ein Gummiband darumwickeln). In gleichmäßigem Abstand von der Mittelnaht und etwa 5 cm vom Rand entfernt von Hand auf die Haube nähen.

Tierreich

Material

* Fellimitat, 132 x 102 cm, dazu passendes Nähgarn
* Gummiband, 1 cm breit, 72 cm
* Sicherheitsnadel
* 2 kleine Stücke Klettband
* Socken in Schwarz
* Füllwatte zum Ausstopfen
* 2 Zierbänder in Braun, 2,5 cm breit, je 50 cm lang
* langärmliges T-Shirt, Leggings und Schuhe in Schwarz

Lämmchen

Das süße Lammkostüm ist leicht zu nähen und bestens geeignet für die Ostereiersuche. Der Schnitt kann auch zur Herstellung anderer Tiere dienen, etwa für Hund, Hase oder Maus. Wählen Sie einfach einen geeigneten Stoff und ändern Sie Position und Länge der Ohren.

1 Anhand von Schnitt 14 ein Vorder- und ein Rückenteil aus dem Fellstoff schneiden. Rechts auf rechts zusammenstecken und die Seitenkanten mit 1 cm Nahtzugabe steppen. An der Unterkante 2 cm Saum umschlagen. Knappkantig an der Schnittkante stecken und steppen, dabei eine kleine Öffnung lassen. Das Gummiband in den Tunnel einziehen (siehe Seite 122), dann die Öffnung schließen. Auf rechts wenden.

2 Ein Teil eines Klettbands auf die Rückseite eines vorderen Schulterträgers und das andere auf die Vorderseite des hinteren Trägers stecken und nähen. An der anderen Schulter wiederholen.

3 Für den Kopf mit Schnitt 15a und 15b ein Vorderteil und ein Rückteil aus Fellstoff schneiden. Die Zehenspitzen der Socken so abschneiden, dass die Socken noch ca. 9 cm lang sind. Die Zehenspitzen für die Ohren leicht mit Füllwatte ausstopfen. Je ein Ohr an eine Außenseite des Hinterkopfes heften, die Schnittkanten liegen aufeinander. Das Vorderteil des Kopfes rechts auf rechts darauflegen und feststecken. Mit 1 cm Nahtzugabe ringsherum nähen. Die Nahtzugabe zurückschneiden und einschneiden. Den Kopf auf rechts wenden.

4 An den Bändern je ein Ende umschlagen. Auf beiden Seiten der Kinnpartie je ein umgeschlagenes Bandende feststecken und steppen. Die offenen Enden der Bänder versäubern.

Kapitel 2
Abenteurer

Pirat

Klar zum Entern! Wenn sich Ihr Kind für Piraten begeistert, dann machen Sie es mit dieser Piratenkluft fit für die Abenteuer auf den sieben Weltmeeren. Ein diagonal gefaltetes Quadrat aus Pünktchenstoff ergibt ein zum Kostüm passendes Halstuch.

Material

* Stoff und Futter für die Weste (Grundschnitt Weste), je 96 x 44 cm, dazu passendes Nähgarn
* Stoff für die Kniebundhosen, 124 x 60 cm, dazu passendes Nähgarn
* Gummiband in Schwarz und Weiß, 5 mm breit, Sicherheitsnadel
* Filz in Schwarz für Hut und Augenklappe, 45 x 40 cm, sowie Filzreste in Weiß
* Nähgarn in Schwarz und Weiß
* 2 kleine Knöpfe in Schwarz
* kleines Stück Klettband
* 2 Streifen Filz in Braun, 4 cm breit, 71 cm
* Filzrest und Stickgarn in Gelb für den Gürtel
* gestreiftes T-Shirt, Strumpfhosen in Weiß, Schuhe in Schwarz

1 Die Weste nähen (siehe Seite 124). Für die Kniebundhosen Schnitt 76 verwenden und nach den Anleitungen auf Seite 123 vorgehen, allerdings ohne die Beine zu säumen. Die Beinunterkanten 2 cm breit einschlagen und einen Tunnel nähen, dabei eine kleine Öffnung lassen. Ein Gummiband schneiden, das etwas kürzer ist als der Taillenumfang des Kindes, und zwei Gummibänder, die etwas kürzer sind als der Wadenumfang. Die Bänder in die Tunnel an Bund und Beinen einziehen. Die Bandenden zusammennähen und die Tunnelöffnungen schließen.

2 Für den Hut anhand der Schnitte 13a und 13b ein Vorder- und ein Rückteil aus schwarzem Filz zuschneiden. Mit Schnittteil 13c einen Totenkopf und gekreuzte Knochen aus weißem Filz schneiden. Genau in der Mitte der Hutvorderseite platzieren und von Hand mit weißem Faden und Vorstich aufnähen. Zwei Knöpfe als Augenlöcher auf den Totenkopf nähen. Vorder- und Rückteil links auf links zusammenstecken und mit der Maschine die Oberkante und die Seitenkanten des Huts 1 cm breit absteppen.

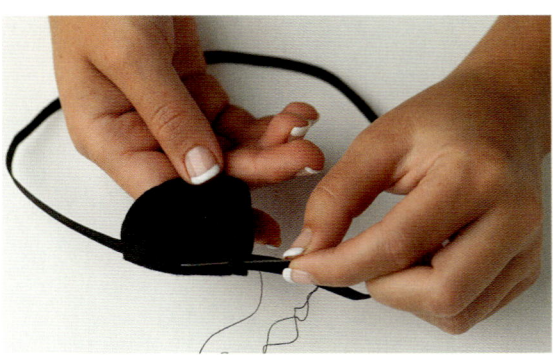

3 Für die Augenklappe zwei Filzformen anhand von Schnitt 11 zuschneiden. Die Enden eines Gummibands von ca. 45 cm Länge an die Oberkante einer Filzform stecken. Überprüfen Sie den Sitz am Kopf des Kindes, dann die Enden aufeinandernähen. Mit der Maschine die zweite Filzform daraufnähen.

Abenteurer

4 Für den Gürtel Klettband an je ein Ende der braunen Filzstreifen nähen. Darauf achten, dass ein Teil des Klettverschlusses auf der Außenseite und das Gegenstück auf der Innenseite liegt. Mit Stickgarn und Vorstichen ringsherum nähen.

5 Zwei Schnallenteile nach Schnitt 12 aus gelbem Filz schneiden und aufeinandernähen. Die Schnalle auf das Gürtelende setzen, an dem das Klettband unten liegt.

Material

* Stoff in Weiß: für das Oberteil 114 x 110 cm, für die Hose 124 x 85 cm, dazu passendes Nähgarn
* Band in Blau und Grau, dazu passendes Nähgarn
* Gummiband, Klettband, 5 mm breit, Sicherheitsnadel
* Filzreste, dazu passendes Nähgarn
* großer Luftballon
* Weißleim/Tapetenkleister
* Cutter
* Farbe auf Wasserbasis in Weiß und Blau, Pinsel
* Rohrisolierung aus Schaumstoff
* Klebeband in Silber
* Sprühfarbe in Weiß
* 2 große Plastikflaschen
* flexibler Plastikschlauch in Grau
* Bastelkarton in Silber
* Zierband in Weiß
* Flaschenverschlüsse

Astronaut

Countdown für Weltraumabenteuer! Flagge und Abzeichen aus Filz können individuell gestaltet werden. Wenn der Helm aus Pappmaché entsteht, wird's ganz schön klebrig. Verwenden Sie Rohrisolierung aus Schaumstoff für den Helmabschluss.

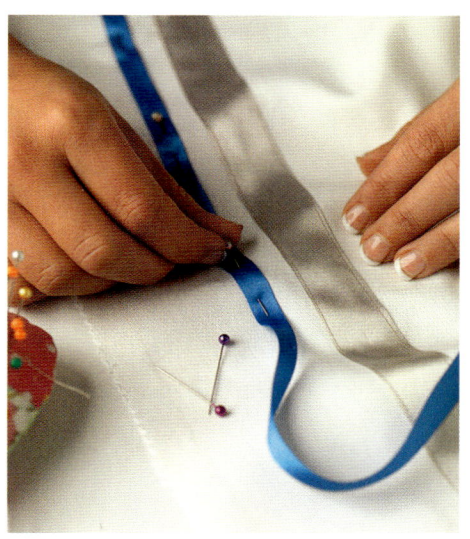

1 Schneiden Sie anhand von Schnitt 76 zwei Hosenbeine aus weißem Stoff zu sowie mit Schnitt 75a und 75b ein Vorderteil und zwei Rückenteile für das Oberteil. Die Rückenteile an der Oberkante der Ärmel an das Vorderteil stecken und nähen (siehe Schritt 1, Seite 122). Graues und blaues Band 4 cm vom unteren Rand der Ärmel und 6 cm vom unteren Rand der Hosenbeine feststecken. Die Enden der Bänder einschlagen. Mit der Maschine aufsteppen. Hose und Oberteil fertigstellen (siehe Seiten 122–123).

2 Nach den Schnitten 16–23 die Einzelteile für Flagge und Planet aus Filz ausschneiden, auf das Oberteil stecken und von Hand festnähen.

3 Für den Helm den Luftballon aufblasen. Eine Linie aufzeichnen, welche die Unterkante des Helms markiert. Eine Zeitung in Streifen reißen. Etwas Weißleim in eine Schüssel geben und mit Wasser verdünnen, bis der Leim die Konsistenz von flüssiger Sahne hat. Die Zeitungsstreifen in den Leim tauchen. Den Ballon von oben bis unten damit bekleben, dabei die Linie an der Unterkante vollständig abdecken. Mindestens vier Schichten auftragen, zwischen jedem Arbeitsgang trocknen lassen. Je mehr Schichten, desto robuster wird der Helm.

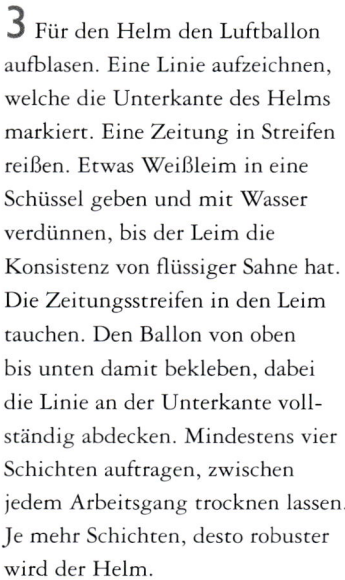

4 Wenn das Zeitungspapier zu einer harten Form getrocknet ist, den Ballon platzen lassen. Alle Ballonreste von der Innenseite des Helms entfernen. Mit einem Cutter die Unterkante glatt schneiden, dann den Umriss für den Gesichtsausschnitt aufmalen und ausschneiden.

Abenteurer

5 Die Außenseite des Helms weiß bemalen, trocknen lassen, dann die Innenseite anmalen (würde man beide kurz nacheinander bemalen, könnte das Pappmaché feucht werden und die Form verlieren). Den Gesichtsausschnitt mit blauer Farbe umranden und je ein blaues Rechteck auf die Seiten des Helms malen.

6 Den unteren Helmrand in ein Stück Rohrisolierung einkleben. Am Hinterkopf passend abschneiden und die Enden zusammenkleben.

TIPP

Sammeln Sie leere Plastikflaschen und -dosen, um weitere Ausrüstungsgegenstände zu gestalten. Flaschenverschlüsse fungieren als Kontrollknöpfe. Außerdem eignen sich Plastikeinsätze von Pralinenschachteln und Keksrollen. Einfach weiß besprühen, zusammenkleben und mit Bändern zum Umhängen versehen.

7 Für die Sauerstoffflaschen Plastikflaschen in Weiß besprühen, dabei für gute Belüftung sorgen. Am besten zuvor auf der gesamten Arbeitsfläche Zeitungspapier auslegen. Trocknen lassen.

8 Ein Ende des flexiblen Plastikschlauchs über einen Flaschenhals stülpen und mit Klebeband festkleben. Beide Flaschen oben und unten mit Klebeband umkleben.

Abenteurer

9 Das weiße Band in zwei Stücke schneiden, an den Enden Klettband befestigen. Den Silberkarton um die Flaschen legen und mit Klebeband zusammenkleben. Die weißen Bänder liegen innen. Das Ende des grauen Plastikschlauchs zwischen die Flaschen stecken und festkleben. Die Flaschenverschlüsse als Kontrollknöpfe auf den Karton kleben.

Superheld

Erschaffen Sie einen neuen Superhelden mit Umhang, Maske und Gürtel. Verwenden Sie Satin für den Umhang und setzen Sie den Anfangsbuchstaben vom Namen Ihres Kindes oder eines Superhelden als unverwechselbares Erkennungsmerkmal auf den Rücken.

Material

* Satin in 2 Farben für den Umhang, je 102 x 150 cm, dazu passendes Nähgarn
* Bleistift und Schnur
* beidseitig beschichtete Bügeleinlage (Applikationsvlies)
* Zirkel
* Reste von Satin (oder anderen Stoffen) für das Monogramm
* Band für den Umhang, 2,5 cm breit, 130 cm
* Filz in 2 Farben für Maske und Gürtelschnalle
* Gummiband, 5 mm breit, 40 cm
* 2 Streifen Satin für den Gürtel, je 74 x 8 cm
* kleines Stück Klettband
* langärmliges T-Shirt, Hosen oder Leggings

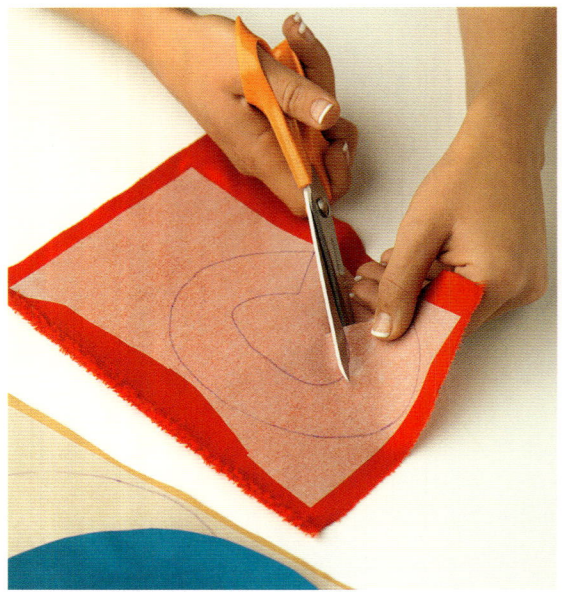

2 Auf gleiche Weise den kleineren Kreis mittig auf den größeren bügeln. Beide mittig auf der Außenseite des Umhangs platzieren und aufbügeln. Die Kanten mit Zickzackstich umsäumen. Den Umhang fertigstellen (siehe Schritte 3–4, Seite 125).

1 Aus den beiden Satinstücken je ein Umhangteil zuschneiden (siehe Schritt 1 und 2, Seite 125). Auf die linken Stoffseiten von drei Satinresten (ca. 28 x 28 cm) Bügeleinlage bügeln, dabei die Herstellerangaben beachten. Mit einem Zirkel auf die Schutzfolien der Einlagen einen Kreis von 23 cm und einen von 19 cm Durchmesser zeichnen und die Kreise ausschneiden. Frei Hand (oder mithilfe eines Computerausdrucks) einen großen Buchstaben auf die Bügeleinlage eines weiteren Satinrests zeichnen. Den Buchstaben ausschneiden, die Schutzfolie abziehen und den Buchstaben gemäß Herstellerangaben auf die Stoffoberseite des kleineren Satinkreises bügeln.

3 Mit Schnitt 25 zwei Maskenteile aus verschiedenfarbigem Filz zuschneiden. Die Enden des Gummibands auf der Rückseite an die oberen Ecken der Maske stecken. Die Bandlänge an den Kopf des Kindes anpassen, dann festnähen. Äußere und innere Maske zusammensteppen, die Bandenden liegen dazwischen. Die Augenlöcher umsteppen.

Abenteurer

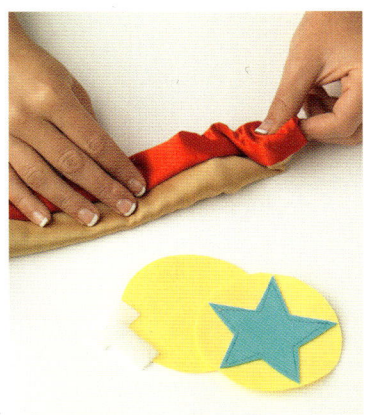

4 Für den Gürtel die Satinstreifen rechts auf rechts zusammenstecken und die Längsseiten 1 cm breit absteppen. Auf die rechte Seite wenden und bügeln. Die Enden 1 cm nach innen schlagen und mit der Maschine zunähen. Die beiden Gegenstücke des Klettverschlusses an die Enden nähen, an einem Ende auf die Unterseite, am anderen auf die Oberseite. Aus Filz zwei 9 cm große Kreise schneiden sowie aus einer anderen Farbe mit Schnitt 24 einen Stern. Mit der Maschine zuerst den Stern auf einen der Kreise und dann beide Kreise aufeinandernähen. Von Hand das Abzeichen auf ein Ende des Gürtels nähen, dabei nur durch die rückseitige Schicht des Filzes nähen, damit die Stiche auf der Vorderseite nicht erscheinen.

Ritter

Die Legende von den Rittern der Tafelrunde ist so beliebt wie eh und je, das Mittelalterkostüm wird daher mit Sicherheit Anklang finden. Schlagen Sie Ihr Kind zum Ritter und schicken Sie es in den Kampf mit dem Drachen. Auf nach Camelot!

Material

* Filz in Rot, 60 x 40 cm
* Filz in Blau, 125 x 40 cm
* Schnittmusterpapier
* Rest Filz in Grün
* Sticknadel und Stickgarn in Kontrastfarbe
* 2 kleine Stücke Klettband
* Baumwolljersey in Grau, 120 x 100 cm, dazu passendes Nähgarn
* Bleistift und langes Lineal
* langärmliges T-Shirt in Grau

1 Schnitt 26 auf einfach gelegten roten Filz stecken und ausschneiden. Den blauen Filz in der Breite falten und den gleichen Schnitt daraufstecken, hierbei die Oberkante am Bruch anlegen. Den Wappenrock zuschneiden.

2 Mit Bleistift und Lineal Linien einzeichnen, die das rote Filzstück vertikal und horizontal halbieren. Entlang den Linien das Stück in vier Teile schneiden. Jeweils in sich diagonal gegenüberliegenden Ecken zwei rote Stücke auf Vorder- und Rückseite des Wappenrocks stecken.

3 Mit Stickgarn und Vorstichen die roten Teile parallel zu den Schnittkanten aufnähen, die Knoten an Anfang und Ende liegen auf der linken Stoffseite. Auch die Kanten der blauen Teile umnähen. Mit Schnitt 27 zwei kleine Wappen aus grünem Filz schneiden. Diese jeweils vorn und hinten mit Stickgarn und Vorstichen auf die Mitte setzen.

Abenteurer

4 Für die seitlichen Verbindungen zwei Streifen aus blauem Filz in den Maßen 8 x 3,5 cm schneiden. Ein Gegenstück eines Klettbandstücks an ein Filzstreifenende auf die rechte Stoffseite nähen. Das andere Ende auf Taillenhöhe an die Rückseite des Rockvorderteils setzen. In gleicher Höhe wie vorn die Klettband-Gegenstücke rechts und links auf die Rückseite des Rockrückenteils nähen.

5 Die zwei Teile für die Rüstungshaube anhand von Schnitt 28 aus Baumwolljersey zuschneiden. Rechts auf rechts legen, stecken und entlang der Kopfrundung sowie unterhalb des Kinns mit 1 cm Nahtzugabe nähen. Alle anderen Schnittkanten 1 cm einschlagen, stecken und steppen. Auf rechts wenden und bügeln.

6 Nach Schnitt 29 und 30 zwei Schaft- und zwei Schuhteile aus Jersey schneiden. Die Schaftteile rechts auf rechts an die Oberkante der Schuhteile stecken und nähen. Nähte auseinanderbügeln.

7 Die Stiefel rechts auf rechts stecken und die rückwärtige Naht 1 cm breit steppen, dann diese Nähte auseinanderbügeln. Auf rechts wenden.

TIPP

Ergänzt wird das Kostüm durch Schild und Schwert. Die typische Schildform aus Pappe ausschneiden und mit einem Kreuz und kleinen Nieten aus Bastelkarton verzieren – die Punkte können Sie mit dem Locher ausstanzen. Als Haltegriff dient ein auf der Rückseite angeklebter Pappstreifen.

Abenteurer

TIPP

Wählen Sie Strümpfe oder Strumpfhosen in der Farbe der Boleroweste. Kombinieren Sie sie mit schwarzen Leggings, die Sie, wenn nötig, kürzen (die Schnittkanten mit einem einfachen Saum versäubern). Als Abschluss besetzen Sie die Außennaht der Hosenbeine mit einem Streifen Zackenlitze.

Torero

Olé! Angehende Stierkämpfer finden dieses klassische spanische Kostüm einfach toll. Gold- und Zackenlitze auf der Weste sorgen für Eleganz und der rote Umhang aus Satin reizt den angriffslustigen Stier bis aufs Blut.

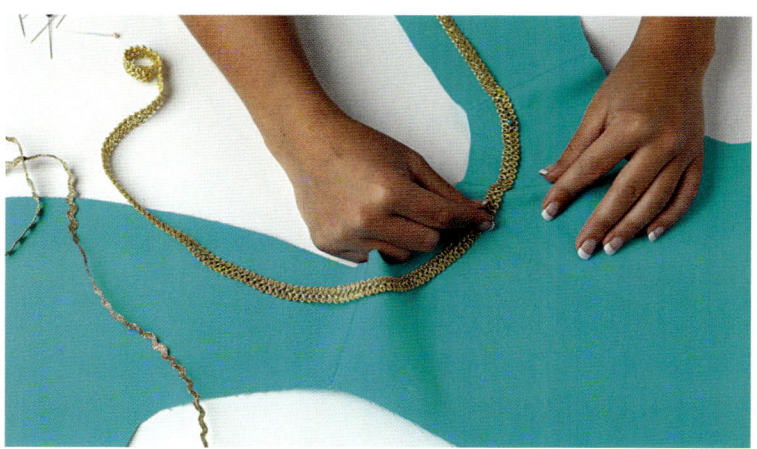

1 Stoff und Futter für die Weste anhand der Schnitte 72 und 73 zuschneiden. Die Schulternähte zusammenfügen (siehe Seite 124). Auf die rechte Seite des Hauptstoffs mit ca. 2,5 cm Abstand zur Kante Gold- und Zackenlitze um die senkrechten Vorderkanten und den Halsausschnitt nähen; diese entweder mit der Maschine aufsteppen oder bei sehr dicker Litze von Hand mit Vorstichen aufnähen. Die Weste fertigstellen (siehe Seite 124).

Material

* Stoff und Futter für die Weste, je 96 x 55 cm, dazu passendes Nähgarn
* Goldlitze, 100 cm, dazu passendes Nähgarn
* Zackenlitze in Gold, 250 cm
* Filz in Schwarz, 40 x 28 cm, dazu passendes Nähgarn
* Gummiband, 5 mm breit, 36 cm
* Leggings in Schwarz
* Satin in Pink und Orange, Bindeband für den Umhang in Orange, dazu passendes Nähgarn
* Hemd in Weiß, farbige Strümpfe, Schuhe in Schwarz

2 Mit Schnitt 34 zwei Epauletten aus dem Hauptstoff und zwei aus dem Futterstoff schneiden. Ringsherum, etwa im Abstand von 2,5 cm zur Kante, Zackenlitze auf die Oberseite des Hauptstoffs stecken und nähen.

3 Das Futter rechts auf rechts an die Epauletten stecken und mit der Maschine bis auf eine kleine Öffnung ringsherum 1 cm breit absteppen. Die Nahtzugabe auf 5 mm zurückschneiden und die Teile verstürzen. Die Öffnung von Hand schließen und die Epauletten auf die Schultern der Weste nähen, ohne dass die Befestigungsstiche auf der Außenseite zu sehen sind.

Abenteurer

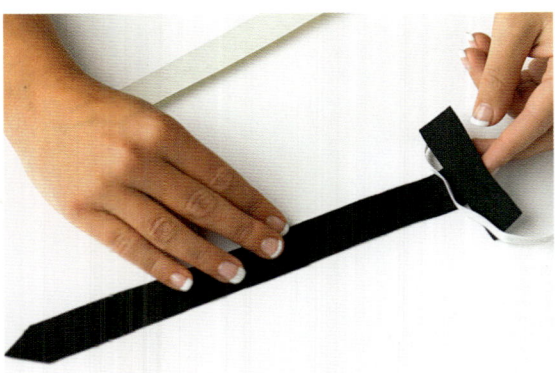 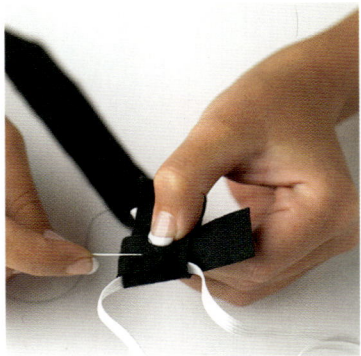 

4 Für den Schlips nach Schnitt 35 einen Streifen aus schwarzem Filz zuschneiden. Das Gummiband zum Ring zusammenknoten. Das Band oben am Schlips quer anlegen und den Filz darüberfalten.

5 Den Schlips umdrehen und die Enden von Hand zusammennähen.

6 Für die Verzierung der Leggings zwei Stücke Zackenlitze zuschneiden, die um etwa 4 cm länger sind als die Leggings. Ein Litzenende 2 cm unterschlagen und die Litze von Hand mit Vorstichen über die gesamte Länge des Hosenbeins annähen, am anderen Ende die Litze ebenfalls unterschlagen. Am zweiten Bein genauso arbeiten.

TIPP

Als krönenden Abschluss nähen Sie den Umhang aus pink- und orangefarbenem Satin mit einem Bindeband in Orange. Gehen Sie dafür nach der Anleitung auf Seite 40 vor.

7 Für den Hut mit Schnitt 36a und 36b Vorder- und Rückteil aus schwarzem Filz schneiden. An den markierten Stellen einschneiden, die Kanten überlappen lassen und so festnähen.

8 Das Vorderteil so an das Rückteil legen, dass die Schnittkanten genau aufeinanderliegen, entlang den Seiten und der Oberkante stecken. 1 cm breit absteppen.

Gladiator

Das antike Rom war berühmt für seine tapferen Gladiatoren und diese Uniform hätte sicher auch bei Cäsar ihre Wirkung nicht verfehlt. Wildleder- und Lederimitate sind inzwischen in vielen Stoffgeschäften erhältlich, aber brauner Filz tut es genauso.

Material

* Wildlederimitat für den äußeren Rock, 55 x 83 cm, dazu passendes Nähgarn
* 11 Knöpfe in Gold
* Klettband
* Lederimitat für die Sandalen, 60 x 50 cm, dazu passendes Nähgarn
* Stift, Lineal und Cutter
* Bastelkarton in Silber
* Tacker
* Filz in Rot, 25 x 35 cm
* Weißleim
* 2 Musterbeutelklammern
* Stoff für den Umhang in Rot, 70 x 85 cm, dazu passendes Nähgarn
* 2 Stücke Zierband in Rot, 1,5 cm breit, je 40 cm
* Stoff für den unteren Rock in Weiß, 35 x 100 cm, dazu passendes Nähgarn
* Gummiband und Sicherheitsnadel

1 Mit Schnitt 32 elf Wildlederstreifen für den äußeren Rock zuschneiden. Aus dem gleichen Material zwei Rechtecke von 65 x 5 cm für den Hüftgürtel zuschneiden. Ein Teil davon mit der rechten Seite nach unten auf die Arbeitsfläche legen. Die elf Streifen, gleichmäßig verteilt, im rechten Winkel darauflegen. Feststecken und mit der Maschine aufnähen.

2 Das zweite Teil für den Hüftgurt links auf links auf das erste legen, die Streifen liegen dazwischen. Auf der Vorderseite knappkantig ringsherum steppen. Je einen Knopf am oberen Ende eines jeden vertikalen Streifens auf den Hüftgurt nähen. Zum Verschließen an den Enden des Hüftgurts Klettband anbringen, ein Teil auf der Unterseite, das andere auf der Oberseite.

3 Für die Sandalen auf der linken Seite des Lederimitats mit Stift und Lineal pro Sandale jeweils Streifen von 27 x 3 cm, 25 x 3 cm und 21 x 3 cm anzeichnen und ausschneiden. Ebenso je einen Streifen von 34 x 2,5 cm schneiden. Diesen mit der rechten Seite nach unten auf die Arbeitsfläche legen. Den kürzesten Streifen mit der rechten Seite nach oben 2 cm oberhalb der Unterkante rechtwinklig auflegen. Stecken und nähen. Den mittleren Streifen im Abstand von 2,5 cm zum ersten stecken und festnähen. Den längsten Streifen wieder 2,5 cm vom mittleren entfernt stecken und festnähen.

Abenteurer

4 Den senkrechten Streifen umklappen, stecken und entlang der Außenkante steppen. An je einem Streifenende auf die Oberseite ein Stück Klettband stecken und nähen, das Gegenstück auf der Unterseite des anderen Streifenendes platzieren.

5 Für den Helm einen Streifen Silberkarton von 60 x 5 cm schneiden. An den Kopf des Kindes anpassen und die sich überlappenden Enden zusammentackern.

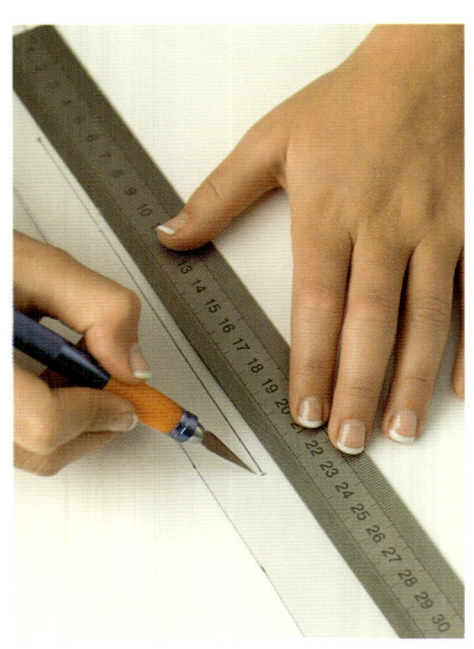

6 Einen weiteren Streifen von 38 x 4 cm aus Silberkarton schneiden. Darauf von einem Ende 7,5 cm abmessen und ab dort eine 17 cm lange Linie zeichnen. Den Karton an dieser Linie unter Zuhilfenahme von Lineal und Cutter aufschneiden.

7 Dann den Streifen an das Stirnband aus Schritt 5 tackern. Entsprechend Schnitt 33 zwei Streifen aus rotem Filz schneiden und im Abstand von 1,5 cm vom Rand über die gesamte Länge quer einschneiden. Diese Filzstücke als Helmzier doppelt gelegt in den Schlitz im Silberkarton einlegen und festkleben.

TIPP

Vor dem Zuschneiden der Sandalenstreifen die Maße am Bein des Kindes überprüfen und gegebenenfalls ändern. Wenn Sie Zeit sparen wollen, ersetzen Sie den unteren Rock durch weiße Shorts.

8 Mit Schnitt 31 das Visier aus Silberkarton schneiden und an der Vorderseite des Helms anbringen, dafür beidseitig mit Musterbeutelklammern befestigen.

9 Für den Umhang am roten Stoff alle Schnittkanten 1 cm breit zur Rückseite umschlagen. Anschließend nochmals 1 cm umschlagen, stecken und den Saum mit der Maschine ringsherum steppen. An den oberen Ecken die beiden 40 cm langen Bänder anbringen, die Enden vor dem Nähen einschlagen.

Abenteurer

10 Für den unteren Rock den weißen Stoff der Breite nach rechts auf rechts falten, stecken und die Schmalseiten 1 cm breit zusammennähen. Die Nähte auseinanderbügeln. An der Oberkante 2 cm umbügeln und mit der Maschine einen Tunnel nähen, dabei eine kleine Öffnung lassen. Ein Gummiband zuschneiden, das etwas kürzer ist als der Taillenumfang Ihres Kindes, und mithilfe einer Sicherheitsnadel in den Tunnel einziehen (siehe Seite 122). Die Gummibandenden aufeinandernähen und die Nahtöffnung im Tunnel schließen. Die Unterkante des Unterrocks säumen, dafür 1 cm umbügeln und mit der Maschine steppen.

Kapitel 3

Märchenwelt

Prinzessin

Für jedes kleine Mädchen, das eines Tages einen hübschen Prinzen heiraten möchte, werden mit diesem Kleid Träume wahr. Die schillernden Lila- und Rosatöne lassen Ihre kleine Prinzessin aussehen, als sei sie gerade einem Märchen entsprungen.

Material

* langärmliges T-Shirt in Weiß
* Zackenlitze in 2 Farben für das Kleid
* Zierband für das Kleid
* Schleifenband für das Kleid
* Organza und Futterstoff, 137 cm breit, für Kinder von 2–3 Jahren: 58 cm, von 4–5 Jahren: 60,5 cm, von 6–7 Jahren: 63 cm, dazu passendes Nähgarn
* 2 Stücke Organza für die Ärmel, je 20 x 68 cm
* Bastelkarton
* Weißleim
* Bänder, Zackenlitze, Borten für den Hut
* 2 Bänder als Hutbänder, 2,5 cm breit, 55 cm
* Federboa

1 Zunächst das weiße T-Shirt auf der Arbeitsfläche ausbreiten und den unteren Rand sowie etwa ein Viertel der Ärmel abschneiden. Auf die Vorderseite Zackenlitze aufstecken, dann aufnähen. Den Halsausschnitt mit Zierband besetzen, die Enden auf dem Rücken ein wenig überlappen lassen. Aus Schleifenband drei Schleifen binden und von Hand auf die vordere Mitte des T-Shirts nähen.

2 Für den Rock den Organza rechts auf rechts zusammenfalten. Das gefaltete Teil misst nun 68,5 cm in der Breite. Die kürzeren Kanten mit 1 cm Nahtzugabe zusammennähen. Mit dem Futter genauso verfahren.

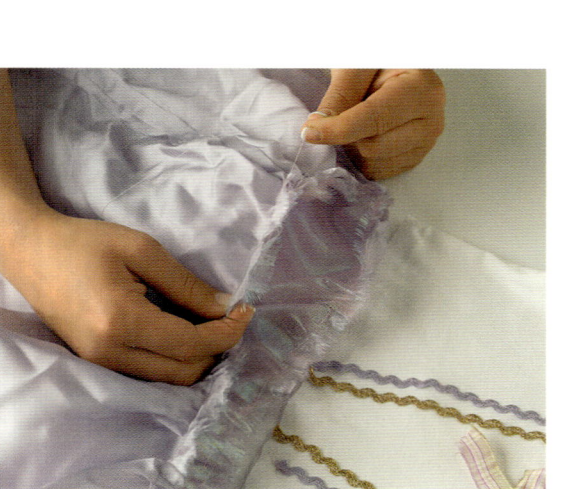

3 Auf der gesamten Länge der Oberkante sowohl des Organza- als auch des Futterstoffs eine Vorstichnaht nähen. Mithilfe der Fäden den Stoff so raffen, dass beide Röcke den gleichen Umfang erhalten wie die Unterkante des T-Shirts. Das Oberteil allerdings ein wenig dehnen, damit die Röcke in der Taille etwas Spiel haben. Mit wenigen kurzen Stichen die Kräuselung fixieren.

Märchenwelt

4 Das Futter in den Organza einlegen und die Oberkanten der Röcke zusammenheften. Den gefütterten Organzarock an das Oberteil stecken, rechts auf rechts und Schnittkante auf Schnittkante. Heften und nähen. An den Unterkanten Organza und Futter jeweils 1 cm umschlagen und mit der Maschine säumen.

TIPP

Eine Federboa ergibt einen sehr schönen Kantenabschluss am Hut. Wenn Sie keine Federboa bekommen können, dann kleben Sie einfach eine hübsche Borte oder ein Band um den unteren Hutrand.

5 Zwei Stücke Organza von 20 x 68 cm zuschneiden. Rechts auf rechts legen, stecken und die Schmalkanten steppen. Eine Schnittkante 1 cm breit umschlagen und nähen. An der anderen Kante mit Vorstichen eine Naht nähen. Am Faden ziehen, um den Stoff zu raffen und ihn an den Umfang der Ärmelunterkanten anzupassen.

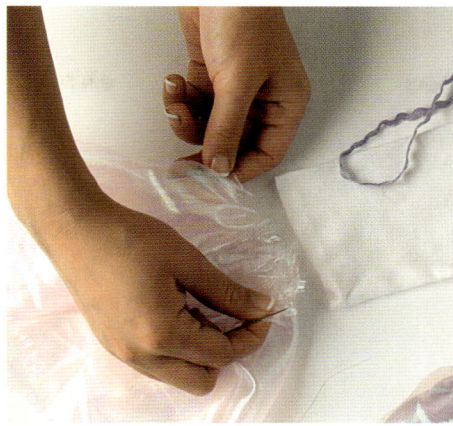

6 Rechts auf rechts und Schnittkante auf Schnittkante die gekräuselten Kanten beider Organzastücke an die Ärmelunterkanten stecken und 1 cm breit nähen. Etwa 5 mm von dieser Naht entfernt die Zackenlitze aufstecken und nähen, die Enden ein wenig überlappen lassen.

7 Den Hut nach Schnitt 37 aus Bastelkarton und Futterstoff zuschneiden. Dabei auf die korrekten Linien achten. An einer Längskante des Bastelkartons Kleber auftragen und die Kante so auf die andere Längskante kleben, dass ein Kegel entsteht. Die Enden überlappen sich um ca. 1 cm. Fest gedrückt halten, bis der Kleber trocken ist.

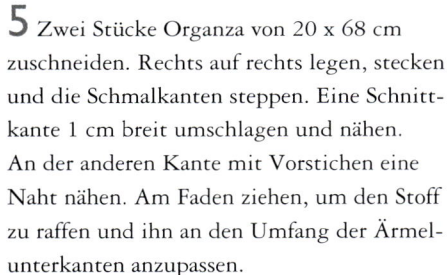

8 Das Stoffteil für den Hut auf die Arbeitsfläche legen und die Enden von etwa zehn Bändern, Zackenlitzen und Borten an die Spitze heften. Die beiden geraden Seitenkanten rechts auf rechts 1 cm breit zusammennähen, dabei darauf achten, dass keines der Bänder in der Naht mitgefasst wird. Die Nähte auseinanderbügeln. Auf rechts wenden.

9 Den Stoffhut über den Papphut ziehen und den Stoff im Inneren des Hutes an der Unterkante festkleben. Die beiden Hutbänder rechts und links in den Hut kleben. Die Hutunterkante mit Federboa überkleben. Die Enden überlappen sich auf der Rückseite an der Hutnaht.

Fee

Jedes Mädchen hat Verwendung für ein Feenkleid – und dieses wird überall Bewunderung hervorrufen. Einfach eine Bahn Tüllstoff kräuseln und an ein rosa Hemd mit Spaghettiträgern nähen. Kleiderbügel aus Draht werden zu Flügeln geformt und zuguterletzt verzieren Sie alles mit Bandröschen und Schleifen.

Material

* je 2 Stück glänzenden Tüllstoff und Futtertaft, 137 cm breit, für Kinder von 2–3 Jahren: 51 cm, von 4–5 Jahren: 53,5 cm, von 6–7 Jahren: 56 cm, dazu passendes Nähgarn
* Spaghettiträgerhemd
* Borte zum Aufnähen
* Zierbänder, 2–3,5 cm breit, in aufeinander abgestimmten Farben
* 2 Kleierbügel aus Draht, Drahtschere, Schmuckdraht
* durchsichtige Strumpfhose in Pink
* Paillettenschnur und Weißleim
* Gummiband, 5 mm breit, 68 cm
* Band, 2 cm breit, 70 cm
* Ballettschuhe und Haarspange

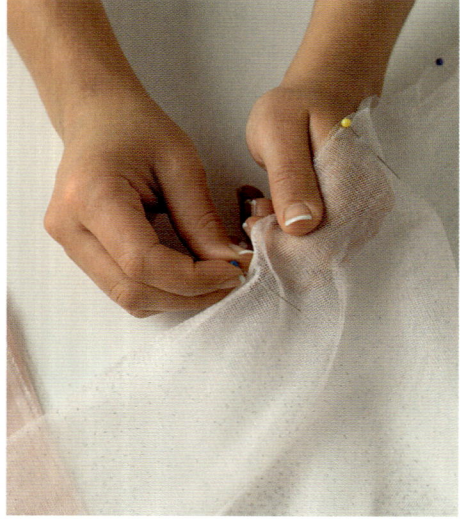

1 Für den Rock die beiden Tüllteile entlang den Schmalkanten rechts auf rechts stecken und mit 1 cm Nahtbreite steppen. Mit dem Taft ebenso verfahren.

3 Den Unterrock mit der rechten Seite gegen die linke Seite des Tüllrocks stecken und entlang der Oberkante heften. Das Spaghettihemd auf Taillenlänge plus 1 cm Nahtzugabe kürzen. Die beiden Röcke rechts auf rechts, Schnittkante auf Schnittkante, an die Unterkante des Hemds stecken und steppen. Auf rechts wenden.

2 An der Oberkante sowohl des Ober- als auch des Unterrocks eine Naht mit Vorstichen nähen. An den Fäden ziehen, bis die gekräuselten Röcke den gleichen Umfang haben wie die Unterkante des leicht gedehnten Hemdes.

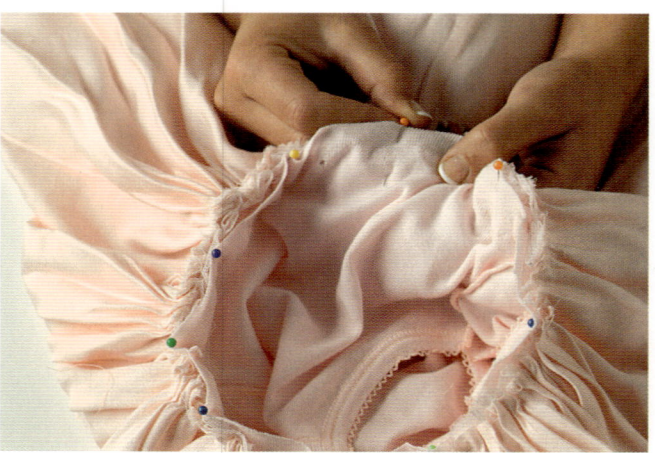

Märchenwelt

4 Die Borte auf die Nahtlinie zwischen Röcken und Hemd stecken und aufnähen, die Enden leicht überlappen lassen.

5 Für eine Bandrose 30 cm Band schneiden. Entlang einer Längskante Vorstiche nähen und das Band am Faden ein wenig zusammenziehen. Das Band in Spiralform zur Blüte legen und mit ein paar Stichen auf der Rückseite zusammenhalten. Bänder von 55 cm Länge in der Mitte falten. Die Rosen zusammen mit den gefalteten Bändern auf die Borte an der Kleidtaille nähen. Ein Band zur Schleife binden und zusammen mit einer Rose mittig auf das Hemd setzen.

TIPP

Fertigen Sie Bandrosen in verschiedenen Größen und verzieren Sie damit auch die Ballettschuhe und die Haarspange.

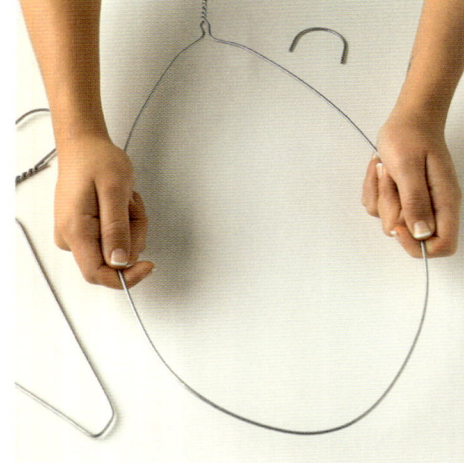 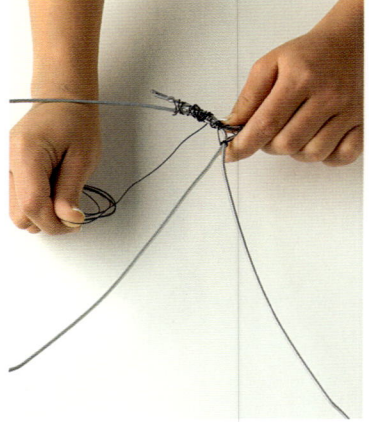

6 Um die Flügelrahmen herzustellen, mit Drahtschneider die Aufhängehaken von den Kleiderbügeln abtrennen. Die Bügel anhand von Schnitt 38 in Flügelform biegen.

7 Mit Schmuckdraht die sich überlappenden Drahtenden umwickeln, um die beiden Flügel fest zu verbinden. Es dürfen keine scharfen Drahtenden mehr hervorschauen.

Märchenwelt

8 Die Beine der Strumpfhose abtrennen, ein Bein über einen Flügel ziehen und das Ende verknoten. Mit dem anderen Bein ebenso den zweiten Flügel beziehen.

9 Paillettenschnüre beidseitig auf die Flügelkanten kleben und gut trocknen lassen. Die Enden des Gummibands zusammennähen. Das Gummiband fest um die Flügelmitte knoten, sodass zwei gleiche Trageschlaufen entstehen. Ein Band um die Mitte der Flügel zur Schleife binden und eine Rose aufnähen.

Blütenköpfchen

Kleine Mädchen werden diesen Blumenkranz lieben! Das Modell ist überaus variabel: Sie können die Filzfarbe ändern und auf Ihre Lieblingsblume abstimmen oder mit verschiedenen Blütenblattformen experimentieren. Verwenden Sie dicken Filz, damit die Blütenblätter gut stehen.

Material

* Schnittmusterpapier
* dicker Filz in Pink für die großen Blütenblätter, 75 x 18 cm
* dicker Filz in Rosa für die kleinen Blütenblätter, 61 x 26 cm
* Filz in Grün, 5 x 56 cm, dazu passendes Nähgarn
* 2 Stücke Zierband in Grün, 2,5 cm breit, je 42 cm
* 2 schmale Bänder, 5 cm

1 Anhand der Schnitte 39a und 39b elf große Blütenblätter aus pinkfarbenem Filz und 11 kleine Blätter aus rosa Filz schneiden. Die Unterkanten der Blüten mit einem senkrechten Einschnitt versehen. Dieser ist bei den kleinen Blättern 3 cm, bei den größeren 4 cm lang.

2 Die rechte und linke Seite der Blätter am Einschnitt überlappen lassen und mit der Maschine knappkantig an der Unterkante übersteppen, um die Form zu fixieren.

3 Einen Streifen grünen Filz von 3 x 54 cm zuschneiden. Die großen Blüten auf dem Streifen aufreihen, dabei jeweils um 1,5 cm überlappen lassen. Knappkantig feststecken und heften.

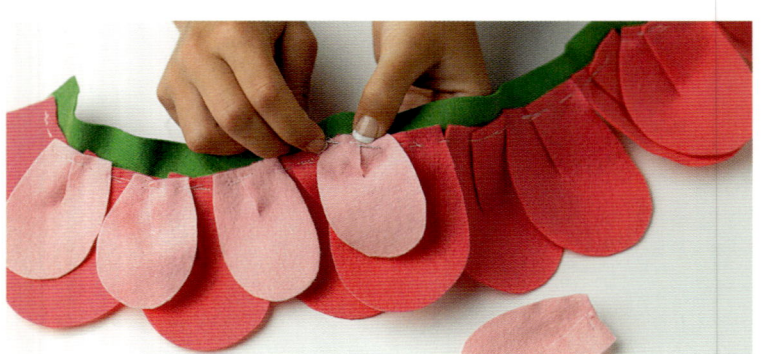

4 Die kleinen Blätter über den großen anordnen, die geraden Unterkanten liegen exakt übereinander. Stecken und heften.

Märchenwelt

5 An die Enden des grünen Filzstreifens je ein grünes Band stecken. Mit der Maschine aufsteppen.

6 Den grünen Filzrand so umklappen, dass er die gehefteten Blütenränder überdeckt. Über die ganze Länge feststecken und mit der Maschine steppen. Die Enden des schmalen Bands zu beiden Seiten an die Rückseite des Blütenkranzes nähen, sodass Schlaufen entstehen, an denen man den Kranz mit Haarklemmen feststecken kann.

Material

* Stoff in Rot, 185 x 134 cm, dazu passendes Nähgarn
* Karostoff, 185 x 134 cm, dazu passendes Nähgarn
* 2 Zierbänder, je 60 cm
* Riesenzackenlitze

Rotkäppchen

Das rote Cape ist genau das Richtige, wenn man herumlungernde Wölfe verscheuchen möchte. Besonders auffällig an diesem Umhang ist die karierte Innenseite. Für eine schlichtere Version verzichten Sie auf das Futter, säumen alle Kanten und fügen nur die Bindebänder an.

1 Für das Cape Schnitt 70 und 71 verwenden und ein Rückenteil sowie zwei Vorderteile aus rotem Stoff und Karostoff zuschneiden. Die roten Vorderteile und das rote Rückenteil rechts auf rechts zusammenstecken, mit 1 cm Nahtzugabe nähen und die Nähte auseinanderbügeln. Mit den Karostoffteilen genauso verfahren.

2 Mit Schnitt 40 je ein Kapuzenteil aus rotem Stoff und Karostoff zuschneiden. Den roten Stoff rechts auf rechts in der Mitte zusammenlegen und entlang der schrägen Kante stecken und nähen. Die Nähte auseinanderbügeln. Auf rechts wenden. Mit dem Karostoff genauso verfahren.

3 Rechts auf rechts und Schnittkante auf Schnittkante die Unterkante der roten Kapuze an die Oberkante des roten Umhangs stecken und nähen. Mit den Teilen aus Karostoff wiederholen, hier in der Naht eine Öffnung von etwa 12 cm lassen.

4 Die Enden der Bindebänder in Halshöhe auf die Oberseite des roten Umhangs heften. Die Zackenlitze an der Stoffoberseite auf die Nahtlinie an der Unterkante des Umhangs sowie an der Schnittkante der Kapuze stecken und heften. Rechts auf rechts das karierte Umhangteil und den roten Umhang an allen Kanten zusammenstecken und 1 cm breit steppen. An gebogenen Kanten die Nahtzugabe mehrmals einschneiden. Durch die Öffnung im Futter das Cape auf die rechte Seite verstürzen. Bügeln. Die Öffnung schließen.

Märchenwelt

Engel

Was für ein himmlisches Kostüm! Ihre Kleine wird in diesem hübschen Engelsgewand strahlen. Für das Krippenspiel in der Schule ist es genau das Richtige und der Grundschnitt lässt sich auch für die Kostüme der Hirten und der Heiligen Drei Könige verwenden.

Material

* Stoff in Weiß für das Kleid, 132 x 120 cm, dazu passendes Nähgarn
* Bänder für das Kleid, dazu passendes Nähgarn
* Bügeleinlage, 65 x 100 cm
* Karostoff in Gelb für die Flügel, 65 x 100 cm, dazu passendes Nähgarn
* Füllwatte
* Band in Gelb zum Befestigen der Flügel, 2,5 cm breit, 253 cm
* Filz in Weiß für den Heiligenschein, 25 x 25 cm
* Gummiband in Weiß, 5 mm breit, 6 cm

1 Das Kleid nach der Anleitung auf Seite 126 und anhand der Schnitte 74 und 77 aus weißem Stoff anfertigen. Um Ärmel und Unterkante des Kleids Bänder stecken und nähen.

2 Die Bügeleinlage entsprechend den Herstellerangaben auf die Rückseite des Karostoffs bügeln. Den Karostoff in der Mitte falten. Schnitt 41 an den Stoffbruch anlegen und zwei Doppelflügel zuschneiden. Die beiden Flügelhälften rechts auf rechts zusammenstecken und mit einer Naht von 1 cm Breite steppen, die Naht an der Unterkante etwa 10 cm offen lassen. Die Nahtzugabe zurückschneiden und in Rundungen einschneiden. Die Flügel verstürzen und überbügeln.

3 Die Flügel mit Füllwatte ausstopfen und die Öffnung mit Saumstichen schließen. Mit 12,5 cm gelbem Band eine Schlaufe an die untere Mitte der Flügelrückseite nähen. Etwa 5 cm rechts und links von der Mitte je ein gelbes Band von 120 cm Länge unterhalb der Oberkante der Flügelrückseite aufnähen, die Enden vor dem Annähen unterschlagen.

Märchenwelt

4 Mithilfe von Schnitt 42 einen Heiligenschein aus weißem Filz schneiden. Die Enden des Gummibands überlappend an die Enden des Heiligenscheins stecken. Die richtige Weite am Kopf des Kindes ermitteln, dann die Bandenden mit der Maschine aufsteppen.

TIPP

Wenn Sie einen dünnen Stoff wie hier den Karostoff verwenden, erzielen Sie mit der Bügeleinlage eine glattere Oberfläche der Flügel. Bei dickeren Stoffen ist dies wahrscheinlich nicht nötig.

Heinzelmann

Niedlich, dieser Zwerg mit Zipfelmütze und falschem Bart! Das Kostüm ist eine prima Last-Minute-Lösung und wenn das noch nicht schnell genug ist, reichen auch Mütze mit Bart in Kombination mit gekauftem Hemd und Hose, die Sie in Gummistiefel stecken.

Material

* Stoff für das Oberteil in leuchtender Farbe, 114 x 110 cm, dazu passendes Nähgarn
* gestreifter Stoff für die Hose, 124 x 85 cm, dazu passendes Nähgarn
* Klettband
* Gummiband, 5 mm breit
* Sicherheitsnadel
* Filz in Rot, 55 x 40 cm, dazu passendes Nähgarn
* Fellimitat, 26 x 23 cm
* Filz in Braun, 80 x 15 cm, Filz in Gelb, 10 x 15 cm
* Stickgarn und Nadel
* Gummistiefel

1 Oberteil und Hose mit den Schnitten 75a, 75b und 76 nach den Anleitungen auf den Seiten 122 und 123 anfertigen. Für die Mütze roten Filz nach Schnitt 37 zuschneiden. Rechts auf rechts in der Mitte falten. An einer Kante mit 1 cm Nahtzugabe stecken und nähen. Auf rechts wenden. Den Bart mit Schnitt 43 zuschneiden, Oberkanten rechts und links unten an die Mütze nähen.

2 Für den Gürtel zwei Streifen braunen Filz auf 71 x 4 cm zuschneiden. An je einem Ende Klettband auf die Filzoberseite aufnähen, auf den einen Streifen die Häkchenseite, auf den anderen die Flauschseite.

3 Die Streifen so zusammenstecken, dass das Klettband am jeweils anderen Ende nach außen zeigt. Mit Vorstichen und Stickgarn ringsherum zusammennähen.

Märchenwelt

4 Mit Schnitt 12 zwei Schnallenformen aus gelbem Filz schneiden und aufeinandernähen. Die Schnalle auf das Gürtelende nähen, an dem das Klettband unten liegt.

TIPP

So ein Heinzelmann kann auch gut eine Weste brauchen. Wählen Sie einen hübschen bunten Stoff und folgen Sie den Anleitungen auf Seite 124. Dazu passt noch ein Halstuch: Hierfür ein Stoffquadrat von 40 x 40 cm schneiden und Schnittkanten versäubern.

Lebkuchenmann

Das kriegen Sie schnell gebacken! Ein Riesenspaß, sowohl beim Tragen als auch beim Nähen. Kaufen Sie Filz vom Meter und garnieren Sie ihn mit Riesenzackenlitze, Filzknöpfen und einer roten Fliege. Ein köstliches Kostüm!

Material

* Filz in Braun, 2,5 m, dazu passendes Nähgarn
* Band, 4 cm breit, 65 cm
* Filzrest in Schwarz
* Stickgarn in Weiß und Nadel
* Klettband, 45 cm
* Riesenzackenlitze in Weiß, 5 m
* Bastelkleber

1 Die Schnitte 69a und 69b aus Papier schneiden und zu einem großen Schnittteil zusammenfügen. Damit zweimal die Form des Lebkuchenmannes zuschneiden. In eines der Teile einen runden Gesichtsausschnitt schneiden, dies ist das Vorderteil. Für die Fliege das Band zur Schleife binden und auf das Vorderteil nähen. Aus schwarzem Filz drei Kreise mit 2 cm Durchmesser schneiden. Diese mit Stickgarn und je einem Kreuzstich auf das Vorderteil nähen, Anfangs- und Endknoten liegen auf der Rückseite des braunen Filzes.

2 Vorder- und Rückenteil links auf links zusammenstecken und an Kopf, Armen und Außenseiten der Beine nähen; die Hände, Füße und Innenseiten der Beine bleiben offen.

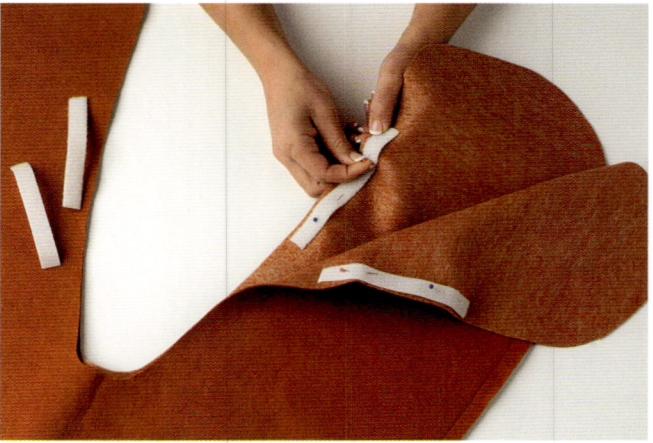

3 Klettband an die Innenseiten der Beine und den Schritt stecken, das eine Klettbandstück auf die Rückseite des Vorderteils, das Gegenstück auf die Rückseite des Rückenteils, festnähen.

Märchenwelt

4 Alle Ränder mit Zackenlitze bekleben, dabei möglichst über die Nähte kleben. An Kopf, Händen und Füßen die Zackenlitze den Rundungen anpassen und darauf achten, dass sie überall fest klebt; die Enden etwas überlappen lassen.

TIPP

Damit das Kostüm auch kleineren Kindern passt, die Arme und Beine des Schnitts etwas kürzen, dann wie hier beschrieben vorgehen.

Cupcake

Auf Geburtstagspartys sind Cupcakes der Hit, aber so große gibt es selten! Eine Grundform aus Filz ist reichlich dekoriert mit weißem Filz und Knöpfen. Als Krönung kommt noch ein Kirschhut dazu. So wird dieses Kostüm zum Anbeißen süß.

Material

* Bogen Kunststoff, 100 x 33 cm
* Klebeband in Weiß
* Cutter
* 2 Bänder, 80 cm
* Karostoff, 100 x 35 cm
* Bastelkleber
* Filz in Schokobraun
* Filz in Weiß
* Zackenlitze in Weiß, dazu passendes Nähgarn
* Zackenlitze in Rosa, dazu passendes Nähgarn
* Klettband
* bunte Knöpfe
* Filz in Rot, dazu passendes Nähgarn

1 Den Kunststoffbogen zum Zylinder biegen, die Enden etwa 5 cm überlappen lassen und mit Klebeband verbinden.

2 An der Vorderseite mit dem Cutter 4 cm von der Oberkante entfernt zwei Schlitze mit 15 cm Abstand einschneiden. Zwei gleiche Schnitte auf der Rückseite ausführen. Die Enden des einen Bandes durch die Schlitze an der Vorderseite fädeln und auf der Rückseite mit Knoten fixieren, sodass ein Träger entsteht. Das zweite Band genauso in das Schlitzpaar auf der Rückseite einfügen.

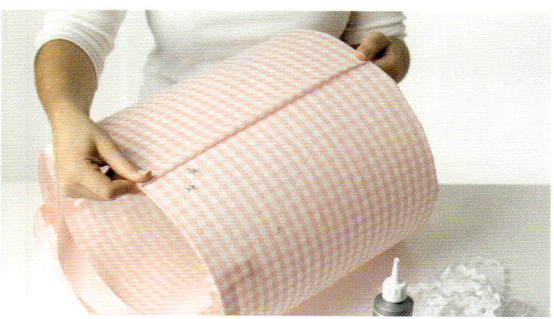

3 Den Karostoff um den Plastikzylinder wickeln und daran festkleben. Den Stoffrand um die Ober- und Unterkante herum an die Innenseite kleben. Weiße Zackenlitze um den unteren Rand kleben.

Märchenwelt

4 Mit Schnitt 45 aus braunem Filz das Kuchenteil und aus weißem Filz den Zuckerguss ausschneiden. Den weißen Filz an die Oberkante des braunen stecken und mit ca. 2 cm Kantenabstand Zackenlitze um den Halsausschnitt stecken und nähen. Zwei Klettbandstücke auf die Rückenkanten nähen, eines auf die Außenseite, eines auf die Unterseite. Rosa Zackenlitze um den unteren Rand nähen.

5 Als Garnierung Knöpfe beliebig verteilt auf den Zuckerguss nähen.

TIPP

Die Kuchenform ist aus einem Bogen Kunststoff (erhältlich in jedem guten Bastelgeschäft), der die Form stabilisiert. Sollten Sie keinen bekommen, verwenden Sie stattdessen biegsamen Bastelkarton.

6 Für den Kirschhut anhand von Schnitt 4 sechs rote Filzteile schneiden. Drei Teile rechts auf rechts stecken und mit 1 cm Nahtbreite zusammennähen. Mit den anderen drei Teilen genauso verfahren.

7 Nun die beiden Huthälften rechts auf rechts zusammenstecken und nähen. Auf rechts wenden.

Märchenwelt

Kapitel 4
Kostüm-
klassiker

Cowboy mit Pferd

Jippie, hier kommt der neue Sheriff! Mit dieser Cowboy-und-Pferd-Kombination kann man stundenlang Spaß haben. Und warum nicht gleich noch das Indianerkostüm von Seite 90 anfertigen, dann können auch noch die Freunde mitspielen?

Material

* Cord und Futterstoff für die Weste, je 96 x 44 cm, dazu passendes Nähgarn
* 2 Stücke Wildlederimitat oder Filz für die Fransen, 14 x 7 cm
* Filz in Braun und Beige für Hut und Gürtel
* Stickgarn in Braun und Nadel
* Filz in Gold für Abzeichen und Schnalle, dazu passendes Nähgarn
* 5 kleine Knöpfe und Sicherheitsnadel
* 3 Pappkartons für das Pferd, ca. 60 x 33 x 25 cm für den Rumpf, 18 x 18 x 21,5 cm für den Hals und 30 x 18 x 12,5 cm für den Kopf
* Cutter und Metalllineal
* Weißleim und Klebeband
* Farbe auf Wasserbasis in Weiß und Braun, Pinsel
* verschiedene Stoffreste
* 2 Knöpfe
* 2 Bänder, 4 cm breit, 85 cm
* Jeans, Halstuch und Hemd

1 Den Stoff für die Weste mit Schnitt 72 und 73 zuschneiden und die Weste nach der Anleitung für den Grundschnitt auf Seite 124 nähen. Für die Fransen die beiden Wildleder- oder Filzstücke auf der gesamten Länge 5 cm lang einschneiden. Die Fransen zunächst an die Vorderseite der Weste stecken, dann aufnähen.

2 Für den Hut einen Streifen braunen Filz von 57,5 x 7,5 cm schneiden und für das Hutband einen Streifen von 57,5 x 3 cm aus Filz in Beige. Die Schmalkanten des braunen Streifens um etwa 1 cm überlappen lassen und mit Vorstich aufeinandernähen.

3 Mit den Schnitten 46 und 47 die Hutkrempe und die Krone aus braunem Filz schneiden. Die Krempe mit Saumstich und Stickgarn an die Unterkante der Hutwand nähen. Das Hutband in Beige um die Seitenwand legen, die Enden ca. 1 cm überlappen lassen und mit einigen sehr feinen Stichen aufnähen.

Kostümklassiker

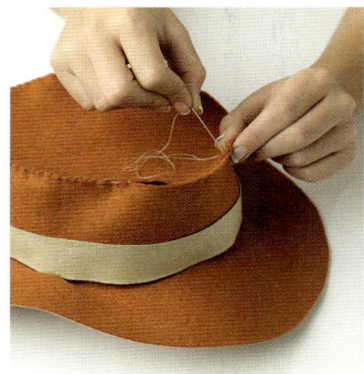

4 Die Krone an die Seitenwand stecken und mit Saumstich festnähen.

5 Für den Sheriffsstern mit Schnitt 48 zwei Sterne aus Filz in Gold schneiden. Mit Vorstichen aufeinandernähen und auf jede Zackenspitze einen Knopf setzen. Eine Sicherheitsnadel an die Rückseite des Sterns nähen.

6 Für das Pferd vom größten Karton den Deckel wegschneiden. An einem Ende ein großes Loch in den Boden schneiden. Karton umdrehen. Am mittelgroßen Karton eine Seitenkante kürzen (5 cm kürzer als gegenüber). An den angrenzenden Seiten je ein Dreieck von 5 cm aus der Oberkante schneiden. Karton umdrehen, mit Leim und Klebeband auf den großen kleben. Den kleinen Karton umgedreht auf den mittleren kleben. Zwei Ohren aus Pappe schneiden und an den kleinen Karton kleben.

7 Das ganze Pferd mit weißer Farbe anstreichen und trocknen lassen.

8 Braune Flecken auf das weiße „Fell" malen.

9 Aus Stoff 3 cm breite Streifen reißen, 35 cm lang für die Mähne und 40 cm lang für den Schwanz. Einen Schlitz in den Körper schneiden und die Schwanzstreifen durchstecken, innen mit Klebeband befestigen. Oben 5 cm neben dem Loch im Pferdekörper vier Schlitze für die Trageriemen schneiden. Die Enden der beiden Bänder hindurchfädeln, sodass auf jeder Seite des Lochs ein Träger ist. Im Innern mit Knoten befestigen. Oben auf dem Kopf Knöpfe für die Augen aufkleben. Die Streifen für die Mähne ankleben.

TIPP

Lassen Sie sich zum Basteln des Pferdes in einem Geschäft leere Kartons zurücklegen. Die hier genannten Maße sind nur eine Richtgröße – verwenden lässt sich jeder ähnlich große Karton, den Sie auftreiben können!

Kostümklassiker

Roboter

Verwandeln Sie alte Pappkartons in ein Roboterkostüm, das toll aussieht und keinen Cent kostet. Sammeln Sie Flaschenverschlüsse, Dosendeckel und Schachteln, lassen Sie dann Ihr Kind den Schaltkasten entwerfen und basteln. Der Kopf des Roboters ist leicht abzunehmen bzw. wieder aufzusetzen, so kann sich auch ein Roboter über das Partybüfett hermachen.

1 Kartondeckel wegschneiden und Kartons umdrehen. Auf zwei gegenüberliegenden Seiten des großen Kartons mit einem kleinen Teller je einen Kreis von 10 cm Durchmesser für die Armlöcher aufmalen (mittig und ca. 9 cm von der Oberkante). Mit dem Cutter ausschneiden.

2 Karton für den Kopf mittig oben auf den Karton für den Körper stellen. Umriss nachzeichnen, beiseitestellen. An der rechten und linken Umrisslinie zwei Schlitze (6 cm lang, 3 mm breit) schneiden, Anfangspunkte sind die Ecken. 2,5 cm innerhalb der Umrisslinien je eine weitere Linie zeichnen. Das entstandene Rechteck heraustrennen.

3 An der Unterkante von Kopfvorder- und -rückseite 4 cm wegschneiden. An den Unterkanten der Seiten je ein mittiges Rechteck (4 cm tief, Breite entspricht dem Abstand der Schlitze im Körper) ausschneiden. An der Kopfvorderseite 8 cm von der Oberkante zwei Kreise für die Augen mit ca. 4,5 cm Abstand ausschneiden.

Material

* 2 Pappkartons, ca. 40 x 35 x 50 cm für den Körper und 25 x 23 x 28 cm für den Kopf
* Cutter und Metalllineal
* 44 Wattekugeln aus dem Bastelladen
* Weißleim
* Farbe auf Wasserbasis, Pinsel
* Plastikverschlüsse von Flaschen, Buntpapier
* 3 etwas größere Plastikverschlüsse
* 2 Pfeifenreiniger
* Klebeband

Kostümklassiker

5 Kopf und Körper anmalen. Wenn der erste Anstrich fleckig aussieht, noch eine Schicht auftragen, sobald die erste getrocknet ist. Gut trocknen lassen.

4 Zwei ausgeschnittene Kartonrechtecke vorne an den Körper kleben. Die Wattekugeln mit dem Cutter in der Mitte durchschneiden. Je 18 Halbkugeln entlang der Kanten der vier Körperseitenteile aufkleben, sie ergeben die Nieten. Außerdem je eine in die Ecken der vier Kopfseiten kleben. Trocknen lassen.

6 Für die Kontrollelemente Verschlüsse von Plastikflaschen und Buntpapierstücke auf die Papprechtecke an der Körpervorderseite kleben. Auch den Mund aus Buntpapier schneiden und an den Kopf kleben.

7 In einen Plastikdeckel ein kleines Loch stanzen und zwei Pfeifenreiniger durchstecken. Enden mit Klebeband auf der Innenseite befestigen. Auf die anderen Enden Wattekugeln stecken und mit etwas Kleber fixieren. Den Deckel auf den Oberkopf kleben. Flaschenverschlüsse auf Deckel kleben und an die Kopfseiten kleben.

kostümklassiker

Material

* Streifenstoff für das Kleid, 150 x 110 cm, dazu passendes Nähgarn
* Gummiband, 5 mm breit
* Zackenschere
* Stoff in Weiß für die Schürze und die Haube, 45 x 65 cm, dazu passendes Nähgarn
* Band in Weiß, 2,5 cm breit, 40 cm
* 2 Bänder in Weiß, 4 cm breit, je 140 cm lang
* Filz in Rot, dazu passendes Nähgarn
* Stoff in Rot für den Umhang, 100 x 92 cm, dazu passendes Nähgarn

Krankenschwester

Halten Sie Verbandszeug parat, denn jetzt kommt Hilfe für kranke Teddys. Versehen Sie eine Schürze und eine Haube mit einem roten Kreuz und verlängern Sie für das gestreifte Kleid den Grundschnitt für das Oberteil. Ein roter Umhang macht das Kostüm perfekt.

1 Mit den Schnitten 75a und 75b aus gestreiftem Stoff das Kleid zuschneiden und entsprechend der Anleitung auf Seite 122 nähen. Für die Schürze mit der Zackenschere zwei Stücke weißen Stoff, eines von 40 x 38 cm für den Rock und eines von 23 x 22 cm für den Latz, zuschneiden. An zwei Längskanten und einer Schmalkante je 1 cm umbügeln, stecken und nähen. Die Enden des schmaleren Bands als Halsträger auf der linken Stoffseite an die gesäumten Kanten des Lätzchens stecken und nähen.

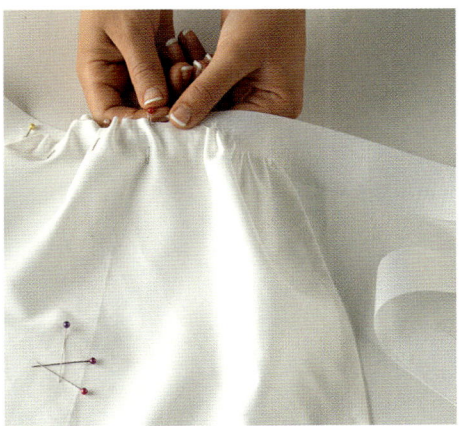

2 Entlang den offenen Schnittkanten des größeren Rechtecks eine Vorstichnaht nähen und den Stoff auf ca. 20 cm Breite raffen. Mit einigen kleinen Rückstichen sichern. Ein breites Band auf die Arbeitsfläche legen. Die geraffte Kante der Schürze mittig darauflegen, rechte Seite nach oben, die Unterkante des Bands um ca. 1,5 cm überlappend. Stecken und heften. Die (ungesäumte) Unterkante des Latzes mit der rechten Seite nach oben mittig auf das Band legen, die Oberkante des Bands um 1,5 cm überlappend. Stecken und heften.

3 Das zweite Stück Band auf das erste stecken, heften und von außen entlang den Kanten aufsteppen. Mit Schnittteil 49 zwei rote Filzkreuze ausschneiden. Eines zentral auf den Latz nähen.

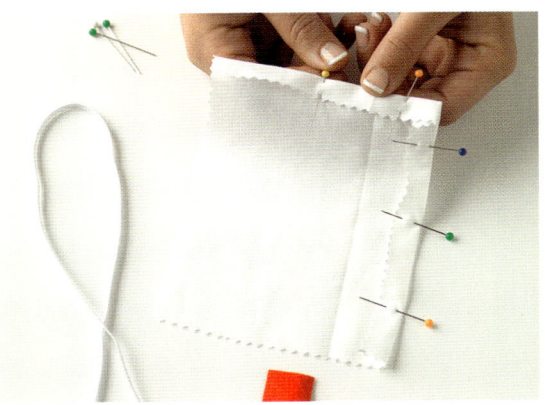

4 Für die Haube mit der Zackenschere ein 16 x 13 cm großes Rechteck aus weißem Stoff schneiden. Rundum einen Saum von 1 cm umbügeln; stecken und nähen. Gummiband auf eine Länge von 35 cm schneiden und die Enden mit der Maschine auf die Rückseite der Haube rechts und links an die Längskanten nähen. Das zweite rote Filzkreuz auf die Mitte der Haube nähen.

TIPP

Für den Umhang schneiden Sie mit den Schnitten 70 und 71 zwei Vorderteile und ein Rückenteil aus rotem Stoff. Nach der Anleitung für den Rotkäppchenumhang auf Seite 67 (ohne die Zackenlitze) zusammenfügen, die Schnittkanten 1 cm umschlagen und säumen. Das Futter besser von Hand statt mit der Maschine einnähen.

Kostümklassiker

Indianer

Mit dieser von den Ureinwohnern Amerikas inspirierten Verkleidung lässt sich prima Wilder Westen spielen. Wildlederimitat macht sich am besten, es franst nicht aus und sorgt für den authentischen Look. So ist der kleine Indianer bereit für die Jagd und wenn ein Erwachsener da ist, kann er die Beute gleich am Lagerfeuer grillen.

Material

* 3 Stücke Wildlederimitat, 114 x 110 cm für das Oberteil, 124 x 85 cm für die Hose, 62 x 3 cm für den Kopfschmuck, dazu passendes Nähgarn
* Klettband
* Borte, 2 cm breit, 311 cm
* 2 Streifen Wildlederimitat, 22 x 9 cm
* Gummiband, 5 mm breit
* Sicherheitsnadel
* Borte, 1 cm breit, 72 cm
* Federn
* Bastelkleber

1 Für das Oberteil zwei Rückenteile und ein Vorderteil aus Wildlederimitat mit Schnitt 75a und 75b zuschneiden. Nach Schritt 1 auf Seite 122 das Vorderteil mit den Rückenteilen entlang der Oberkante der Ärmel verbinden. Die breitere Borte um die Handgelenke der Ärmel nähen. Wildlederstreifen bis auf 1,5 cm einschneiden. Schnittkante an Schnittkante in die untere Ärmelkante einfügen. Oberteil wie auf Seite 122 beschrieben fertigstellen.

2 Zwei Hosenbeine anhand von Schnitt 76 zuschneiden. Die breitere Borte im Abstand von 8 cm vom unteren Rand an jedem Bein feststecken, dann nähen. Die Hose weiter nach Anleitung fertigstellen, aber ohne die Unterkante zu säumen. Vom unteren Rand aus Fransen bis knapp an die Borte einschneiden.

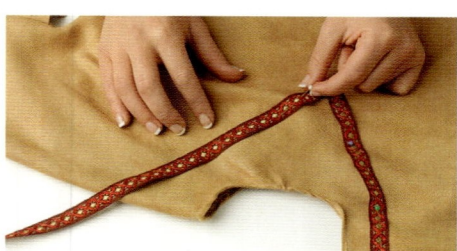

3 Die schmale Borte mit untergeschlagenen Enden an das Oberteil stecken, am Rücken rechts und links des Halsausschnitts beginnen und enden, Borte über die Schultern zur vorderen Mitte führen, ein V formen; aufnähen.

4 Einen Streifen von 62 x 3 cm aus Wildlederimitat schneiden. Die Länge evtl. dem Kopf des Kindes anpassen. Ein Stück breite Borte darauf feststecken und nähen, zwischen den Lagen eine Feder miteinnähen, diese mit etwas Klebstoff fixieren. Die zwei Teile eines Klettbands an die Streifenenden nähen, an einer Seite auf die Unterseite, an der anderen auf die Oberseite.

Kostümklassiker

Hulamädchen

Aloha! Dieses Hawaii-Kostüm ist perfekt für einen Strandtag. Der Rock besteht aus bunten Bändern, dazu gibt es einen prachtvollen Blumenkranz um den Hals und fürs Haar. Halten Sie Ausschau nach günstigen Rollen Geschenkband oder nehmen Sie Krepppapier, das Sie in Streifen auf einen Bund aus Satinband nähen.

Material

* bunte Bänder, 1–4 cm breit
* Band, ca. 5 cm breit, dazu passendes Nähgarn
* Gummiband, 5 mm breit
* Sicherheitsnadel
* 3 Filzstücke in verschiedenen Farben, 30 x 30 cm
* Band, 5 mm breit
* 2 Pfeifenreiniger
* ärmelloses Hemd in Weiß

1 Für den Rockbund ein 72 cm langes Band (5 cm Breite) schneiden; Enden zusammennähen. Verschiedenfarbige Bänder mittlerer Breite auf 70 cm Länge schneiden.

2 Bunte Bänder in der Mitte falten, die gefalteten Enden an der unteren Hälfte des Bunds feststecken und aufsteppen.

3 Die obere Hälfte des Bunds über die Bandansätze nach unten klappen. Feststecken und knapp an der Unterkante bis auf eine Öffnung von 2,5 cm steppen. Mit der Sicherheitsnadel Gummiband in den Tunnel einziehen (siehe Seite 122). Die Länge des Gummibands an der Taille des Kindes überprüfen und evtl. anpassen. Die Enden des Gummibands aufeinandernähen. Die Nahtöffnung schließen.

Kostümklassiker

4 Mit Schnitt 53 verschiedenfarbige Blüten aus Filz schneiden. Rechts und links der Blütenmitte etwas einschneiden. Von einem schmalen Band 75 cm für die Blumenkette sowie 2 x 30 cm für das Armband und das Fußgelenk abschneiden. Die Blüten auf die Bänder fädeln und die Enden der Bänder mit Schleifen zusammenbinden. Für den Haarkranz die Blüten auf zwei Pfeifenreiniger fädeln und deren Enden miteinander verzwirbeln. Ein paar schmale Bänder zur Dekoration dazwischenknüpfen.

König und Königin

Vor so einem majestätischen Paar verneigen sich alle treuen Untertanen. Die Kronen und Roben sind leicht anzufertigen und die Pelzabschlüsse verleihen dem Kostüm den königlichen Look. Für die langen Umhänge müssen Sie einfach die Grundschnitte verlängern.

Material

* Samt 220 x 128 cm für den König, 350 x 100 cm für die Königin, dazu passendes Nähgarn
* Pelzimitat: 72 x 70 cm für den König, 90 x 15 cm für die Königin, dazu passendes Nähgarn
* Zackenlitze in Gold
* Band in Rot
* Bastelkarton in Gold, Bastelkleber, Schmucksteine für die Kronen
* Unistoff für die Kniebundhosen des Königs, 124 x 60 cm, dazu passendes Nähgarn
* Gummiband, 5 mm breit, Sicherheitsnadel
* Filz in Gold für die Schuhe
* Satin für das Gewand der Königin, 120 x 132 cm, dazu passendes Nähgarn

1 Für die Robe des Königs mit Schnitt 70 und 71 ein Rückenteil und zwei Vorderteile aus rotem Samt schneiden und ein Rückenteil und zwei Vorderteile aus Pelzimitat für den Schulterkragen, dabei die richtigen Schnittlinien verwenden. Vorderteile rechts auf rechts jeweils an die Rückenteile stecken und nähen. Auf rechts wenden.

2 Die vorderen Kanten jeweils 1 cm zur Rückseite umschlagen, stecken und nähen. Goldene Zackenlitze im Abstand von 1,5 cm an die Vorderkanten setzen. Unterkante und Halsausschnitt gleich säumen wie die Vorderkanten. Zackenlitze an die Unterkante setzen. Rechts und links vom Halsausschnitt je ein Band feststecken und annähen.

3 Das Pelzcape an die Robe stecken und nähen, dabei liegt die rechte Seite des Pelzes auf der linken Seite des Samts, Schnittkanten aneinander. Pelz nach außen schlagen und über der Robe arrangieren. (Robe der Königin siehe Schritt 6.)

Kostümklassiker

5 Einen Streifen von 56 x 3,5 cm aus Pelzstoff schneiden. Unterkante der Krone mit Klebstoff bestreichen und den Streifen darumkleben. Überprüfen, ob er überall gut klebt.

4 Die Krone anhand von Schnitt 54 aus Bastelkarton schneiden. Zum Ring biegen und die Enden etwas überlappen lassen. Vorerst mit Büroklammern zusammenhalten und die Passform am Kopf des Kindes anpassen, dann die überlappenden Enden zusammenkleben.

6 Zackenlitzen von je 56 cm Länge um die Krone kleben, die Enden etwas überlappen lassen. Die Schmucksteine rings um die Krone in regelmäßigen Abständen zwischen die Zackenlitze kleben. Gewand der Königin nach Schritt 1 arbeiten, doch ohne den Pelzkragen. An Unterkante und Halsausschnitt je 1 cm umbügeln und säumen, Bänder zum Binden aufnähen. Zwei ca. 5 cm breite Pelzstreifen in der Länge des Gewands schneiden. An die vorderen Kanten des Gewands kleben, dabei den Pelz über die Schnittkanten ragen lassen, damit diese gleich versäubert sind. Gut trocknen lassen.

TIPP

Die Kniebundhosen des Königs nach Schritt 1 in der Anleitung für den Piraten (Seite 34) arbeiten. Für die Schuhe des Königs Schnallen aus Filz in Gold so wie die Gürtelschnalle des Piraten schneiden (siehe Seite 35, Schritt 5) und auf Turnschuhe kleben. Das Kleid der Königin aus Satin nach der Anleitung auf Seite 126 anfertigen. Auch ihre Schuhe mit Schleifen vervollständigen.

Zauberer

Simsalabim, Abrakadabra – dieses Kostüm verzaubert alle Kinder. Der einfache Kleiderschnitt verwandelt sich in ein magisches Gewand, wenn es mit Sternen bestückt ist. Umhang und Hut sorgen für den würdevollen Abschluss. Das i-Tüpfelchen für den weisen Zauberer wäre jetzt noch der Bart des Heinzelmanns von Seite 70!

Material

* Satin für das Gewand, 115 x 112 cm, dazu passendes Nähgarn
* Gummiband, 5 mm breit, 45 cm
* Sicherheitsnadel
* doppelseitig beschichtete Bügeleinlage (Applikationsvlies), 50 x 50 cm
* Silberstoff für die Sterne, 50 x 50 cm
* Bastelkarton
* Satin für Umhang und Hut, 115 x 112 cm, dazu passendes Nähgarn
* Bastelkleber
* Silberband, 3,5 cm breit, 150 cm

1 Mit den Schnitten 74 und 77 und nach den Anleitungen auf Seite 126 das Satingewand anfertigen. Applikationseinlage nach Herstellerangaben auf die Rückseite des Silberstoffs bügeln. Mit Schnitt 48 Sterne auf das Trägerpapier zeichnen und in ausreichender Anzahl für Kleid und Hut ausschneiden. Einen Teil der Sterne auf dem Gewand arrangieren und aufbügeln, dabei Herstelleranweisungen beachten.

2 Mit Schnitt 37 die Hutform aus Bastelkarton und aus Satin ausschneiden, dabei auf die richtigen Schnittlinien für beide Formen achten. Den Karton zum Kegel formen und an den geraden Kanten um 1 cm überlappend zusammenkleben. Auf die rechte Seite des Satins für den Hut Sterne bügeln. Die geraden Kanten der Satinform rechts auf rechts stecken und nähen, Nahtzugabe zurückschneiden und die Form auf rechts wenden. Die Satinform über die Kartonform ziehen. Den Stoff im Innern des Huts einkleben, damit sich ein sauberer unterer Rand ergibt.

3 Für den Umhang ein Rechteck von 76 x 112 cm aus Satin schneiden. Die beiden Schmalkanten und eine Längskante 1 cm umschlagen, wieder 1 cm umbügeln, stecken und nähen. An der verbleibenden Schnittkante ebenfalls erst 1 cm, dann weitere 2 cm umbügeln. So stecken und nähen, dass sich ein Tunnel bildet.

Kostümklassiker

4 Für die Bindebänder mit einer Sicherheitsnadel das silberne Band durch den Tunnel ziehen. Den Halsausschnitt am Band raffen, auf gleich lange Enden des Bands achten und später zu einer großen Schleife binden.

Clown

Bei diesem tollen Zirkuskostüm können Sie sich richtig austoben. Suchen Sie kunterbunte Farben für Oberteil und Hose und ergänzen Sie das Ganze mit einem fröhlichen Filzhut. Mit Fastnachtsschminke lässt sich das Kostüm noch aufpeppen, auch die rote Pomponnase des Rentiers von Seite 21 ist eine lustige Ergänzung.

Material

* 2 Stoffstücke, für das Oberteil 114 x 110 cm, für die Hose 124 x 85 cm, dazu passendes Nähgarn
* Klettband
* Gummiband, 5 mm breit
* Sicherheitsnadel
* Zackenlitze in zwei Farben, dazu passendes Nähgarn
* Wolle in Rot
* Bastelkarton
* Stoff in Weiß, 110 x 17 cm
* Filz in Rot

1 Oberteil und Hose nach Schnitt 75a, 75b und 76 zuschneiden und nach den Anleitungen auf den Seiten 122 und 123 fertigstellen, aber nicht säumen. Unterkanten der Ärmel und Beine 1,5 cm zur Rückseite umbügeln und nähen, dabei je eine kleine Öffnung lassen. Mit einer Sicherheitsnadel (siehe Seite 122) Gummiband in die Tunnel einziehen und Öffnungen zunähen. Am Unterrand des Oberteils Zackenlitze aufnähen. Oberteil und Hose nach den Anleitungen auf den Seiten 122 und 123 fertigstellen. Zwei Pompons aus rotem Wollgarn anfertigen (siehe Seite 21, Schritte 3 und 4) und auf das Oberteil nähen.

2 Die Schmalseiten des weißen Stoffrechtecks mit einer Nahtbreite von 1 cm rechts auf rechts zusammenstecken und -nähen. Naht auseinanderbügeln.

3 An den offenen Schnittkanten 2 cm umbügeln, eine Kante stecken und nähen, eine kleine Öffnung lassen. Zwei verschiedenfarbige Zackenlitzen entlang der anderen Kante aufstecken und mit der Maschine nähen. Mit einer Sicherheitsnadel 40 cm Gummiband in den Tunnel an der Kante mit der Öffnung ziehen. Die Enden des Gummibands aufeinandernähen, Öffnung schließen.

Kostümklassiker

4 Nach Schnitt 37 einen Hut aus Filz schneiden. Außen eine Reihe Zackenlitze um den unteren Rand stecken und nähen. Rechts auf rechts die Längskanten zusammenstecken und 1 cm mit der Maschine steppen. Die Nahtzugabe zurückschneiden und den Hut auf rechts wenden.

TIPP

Sie sparen Zeit, wenn sie statt der Pompons große Knöpfe auf das Oberteil setzen. Oder Filzkreise wie die für den Lebkuchenmann auf Seite 72 ausschneiden und mit einem großen Kreuzstich aufnähen.

Kapitel 5
Halloween

TIPP

Den Umhang nach der Anleitung für den Zauberumhang auf Seite 98 arbeiten, Länge wenn nötig ändern. Wenn Sie möchten, können Sie den Umhang mit Mond und Sternen verzieren. Für die Schuhe zwei Schnallen aus Filz in Gold anfertigen (wie die Gürtelschnalle des Piraten, Seite 35, Schritt 5) und diese zur Vervollständigung des Hexenkostüms auf Turnschuhe kleben.

Hexe

Ob gute oder böse Hexe, dieses Kostüm ist für jeden Hexenstreich geeignet. Verwenden Sie Tüll in gespenstisch wirkenden Farben für den Rock, dazu Ringelstrumpfhosen und Schnallenschuhe, dann kann Halloween kommen.

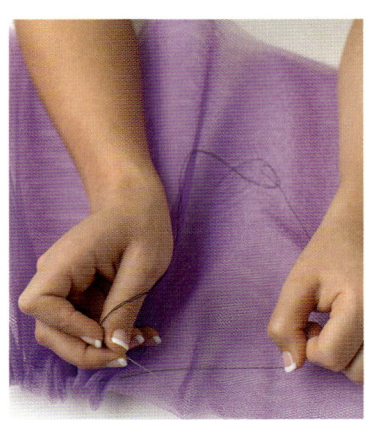

1 Ein Stück Tüll in der Mitte falten und gleich noch einmal, sodass es 137 x 32,5 cm misst. Entlang der langen gefalteten Kante (ohne Schnittkanten) mit Vorstichen nähen. Am Faden ziehend den Tüll auf 60 cm Breite raffen; Maße am Kind überprüfen. Mit dem anderen Tüll ebenso verfahren.

2 Röcke an den Oberkanten zusammenstecken und heften. An die Oberkante das breite Band stecken und festnähen. Mehrere 30 cm lange Bänder mittig falten, am Falz an das Band nähen. Untere gefaltete Rockränder aufschneiden, an der Unterkante spitze Dreiecke ausschneiden; für eine unregelmäßige Zackenkante jede Lage einzeln schneiden.

3 Für den Hut oberen Teil und Krempe mit Schnitt 37 und 55 aus schwarzem Filz schneiden. Den oberen Teil rechts auf rechts falten, Längskanten aneinander. Längskanten zusammenstecken und 1 cm breit mit der Maschine abnähen. Auf rechts wenden.

4 Die Krempe an den oberen Teil stecken. Von Hand mit kurzen, gleichmäßigen Saumstichen ringsherum annähen. Den Hut mit einem aufgeklebten schmalen Band verzieren, Enden etwas überlappen lassen.

Material

* Tüll in Schwarz und Lila für den Rock, je 130 x 137 cm, dazu passendes Nähgarn
* Band für den Rockbund, 4 cm breit, 127 cm
* Band für den Rock, 5 mm breit, 205 cm
* Filz in Schwarz für den Hut, 54 x 120 cm
* Bastelkleber
* Stoff in Schwarz für den Umhang, 76 x 112 cm
* Samtband für den Umhang, 2 cm breit, 150 cm
* Filzreste in Gold für die Schuhschnallen
* Turnschuhe in Schwarz
* T-Shirt in Schwarz und gestreifte Leggings, Strumpfhosen oder Kniestrümpfe

Kürbis

So ein süßes Früchtchen haben Sie bestimmt noch nicht gesehen! Verwenden Sie festen bis steifen Stoff, damit der Kürbis Stand hat. Sie können ihm dann das hier vorgeschlagene Gesicht geben oder ein eigenes entwerfen, um Nachbarn und Freunden das Gruseln beizubringen.

Material

* Stoff in Orange, 120 x 74 cm, dazu passendes Nähgarn
* Filzreste in Schwarz
* Gummiband, 5 mm breit, 110 cm
* Sicherheitsnadel
* Filz in Grün, 70 x 72 cm
* 2 dicke Pfeifenreiniger in Grün
* kurzes Stück Klettband
* T-Shirt und Leggings in Grün, Schuhe in Schwarz

1 Aus dem Stoff in Orange zwei Rechtecke von 58 x 70 cm zuschneiden. Anhand der Schnitte 56 und 57 drei Dreiecke und einen Mund aus schwarzem Filz schneiden. Beide mittig auf ein Stoffstück in Orange stecken und nähen. Den Kürbis entsprechend dem Marienkäferkostüm (Seite 11 und 12, Schritt 3 bis 6) fertig nähen.

2 Mit Schnitt 44 sechs Hutteile aus grünem Filz schneiden. Drei davon an den Seiten mit 5 mm Nahtzugabe zusammenstecken und -nähen. Mit den anderen drei Teilen ebenso verfahren.

3 Die Huthälften mit 5 mm Nahtzugabe zusammenstecken und -nähen. Pfeifenreiniger rankenförmig biegen und oben auf dem Hut durch die Naht stecken. Mit einigen kleinen Stichen auf der Innenseite des Huts befestigen und darauf achten, dass die Enden eingebogen sind, damit keine spitzen Drähte nach außen gerichtet sind.

Halloween

4 Mit Schnitt 58 einen Kragen aus grünem Filz schneiden. Dieser wird nicht angenäht; stattdessen Klettband auf die Unterseite des einen rückwärtigen Endes stecken und nähen, das Gegenstück kommt auf die Oberseite des anderen Endes.

TIPP

Zur Vervollständigung des Kostüms ziehen Sie dem kleinen Kürbis Leggings und ein grünes T-Shirt unter. Wenn Sie diese nicht im Laden finden, kaufen Sie grüne Textilfarbe für die Waschmaschine und färben Sie zu Hause ein weißes T-Shirt und weiße Leggings ein.

Außerirdischer

Hier ein Kostüm, das nicht von dieser Welt ist. Kinder werden begeistert sein von diesem außerirdischen Wesen mit dem gruseligen Pappmachékopf und den Froschfüßen. Kleben oder nähen Sie bunte Filzpunkte auf den Körper und ergänzen Sie das Kostüm durch Ringelstrumpfhosen. Es wird unter Garantie Aufsehen erregen!

Material

- großer Luftballon
- Zeitungspapier und Weißleim/Tapetenkleister
- Cutter und Karton
- Farbe auf Wasserbasis in Grün und Weiß, Pinsel
- 3 Styroporkugeln
- 3 Pfeifenreiniger
- Filzreste in Schwarz
- Klebeband
- Stoff in Grün, 75 x 116 cm, dazu passendes Nähgarn
- bunte Filzreste
- Gummiband, 5 mm breit, 110 cm
- Sicherheitsnadel
- Filzrest in Rot
- Handschuhe in Rot
- langärmliges T-Shirt und Ringelstrumpfhose

1 So wie beim Astronautenhelm (Seite 37 bis 38, Schritte 3 bis 4) mit einem Luftballon eine Pappmachéform anfertigen. An der Vorderseite mit dem Cutter einen großen Mund hineinschneiden und den Kopf grün anmalen. Wenn die erste Farbschicht fleckig ist, nach dem Trocknen eine zweite Schicht auftragen. Beiseitestellen und vollständig trocknen lassen.

2 Zwei Reihen spitzer Zähne aus Karton ausschneiden und weiß anmalen. Wenn sie trocken sind, in die Mundöffnung hineinkleben und andrücken, bis der Klebstoff fest ist.

3 Jeweils auf ein Ende der Pfeifenreiniger Styroporkugeln drücken und mit wenig Klebstoff fixieren. Einen kleinen schwarzen Filzkreis als Pupille auf jede Kugel kleben.

5 Aus grünem Filz zwei Stücke von 75 x 58 cm Größe schneiden. Ovale oder Kreise aus buntem Filz zuschneiden und auf die Außenseite eines der Stoffstücke stecken und nähen.

4 Oben am Kopf drei Schlitze einschneiden und die Enden der Pfeifenreiniger hineindrücken. Die Pfeifenreiniger im Inneren des Kopfes mit Klebeband festkleben.

6 Die Körperteile rechts auf rechts legen und so wie den Marienkäfer (Seite 11 bis 12, Schritte 3 bis 6) fertigstellen. Die beiden grünen Stoffteile an den Längskanten so zusammenfügen, dass Armlöcher entstehen, dann an Ober- und Unterkante Tunnel zum Durchziehen von Gummiband nähen.

7 Mit Schnitt 59 aus dem roten Filz zwei Froschfüße schneiden. Die Rückenkanten zusammenstecken, dann mit 1 cm Nahtzugabe nähen. Auf rechts wenden.

8 Zehn 3 cm große Kreise aus rotem Filz schneiden. Je einen davon auf die Fingerspitzen der roten Handschuhe kleben. Es geht leichter, wenn die Handschuhe angezogen sind!

Halloween

Skelett

Dieses Kostüm anzufertigen ist absolut kein Knochenjob, denn es geht ganz schnell: einfach das Gerippe aus Filz schneiden und mit Textilkleber auf ein schwarzes Hemd und Leggings kleben. Ergänzen Sie es mit einer gespenstischen Totenmaske oder nehmen Sie weiße Schminke, wenn Sie es eilig haben.

Material

* dicker Filz in Weiß, 80 x 45 cm
* Textilkleber
* langärmliges Hemd und Leggings in Schwarz
* Schmierpapier
* Gummiband, 5 mm breit, 40 cm
* Stickgarn in Schwarz und Nadel
* Handschuhe und Schuhe in Schwarz

1 Mit den Schnitten 63 bis 68 alle Skelettknochen aus weißem Filz ausschneiden, dabei die Fotos auf der Seite gegenüber zur Hilfe nehmen.

2 Die Filzformen auf die schwarze Kleidung kleben, dabei das Schmierpapier in Hemd und Leggings einlegen, damit der Klebstoff nicht durch alle Stofflagen dringt. Die Filzstücke fest an den Stoff drücken, damit sie gut haften.

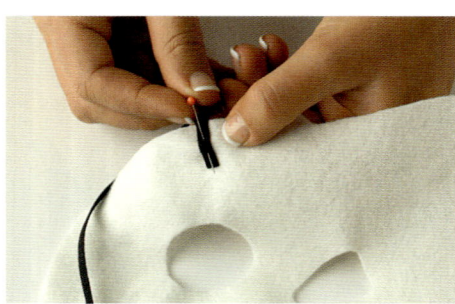

3 Mit Schnitt 62 aus Filz zwei Maskenformen schneiden. Je ein Gummibandende an beide Seiten der Maskenformen stecken. Überprüfen, ob die Maske passt, dann endgültig festnähen.

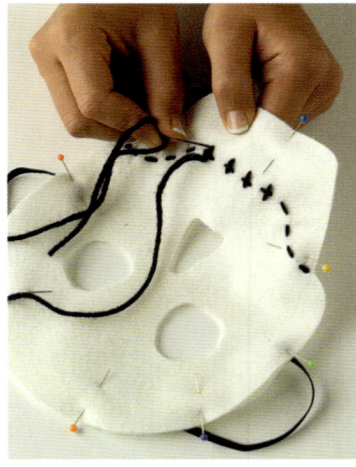

4 Die zweite Maskenform auf die erste legen, die Gummibandenden liegen dazwischen. Mit dem Stickgarn beide Teile parallel zu den Rändern mit Vorstichen zusammennähen. Mit Vorstichen und Kreuzstichen einen Mund aufsticken, Faden auf der Rückseite verknoten. Auch die Augenhöhlen und Nase umsticken.

Halloween

Schwarzer Kater

Der schwarze Kater ist der ständige Begleiter aller Hexen. Wie anmutig er auf dem Besenstil herumstolziert! Aber das unschuldige Gesichtchen täuscht – wer dieses Kostüm trägt, führt so manches im Schilde.

Material

* Fellstoff in Schwarz, 70 x 50 cm, dazu passendes Nähgarn
* Filz in Weiß, 45 x 45 cm
* 2 Bänder in Rot, 2,5 cm breit, 51 cm
* Leggings in Schwarz
* kleines Stück Klettband
* langärmliges T-Shirt und Schuhe in Schwarz

1 Mit den Schnitten 15a, 15b und 60 aus Fellstoff Vorder- und Rückenteil des Kopfes sowie vier Ohren ausschneiden. Rechts auf rechts zwei Ohrteile zusammenstecken und nähen. Mit den anderen Ohrteilen gleich verfahren. Nahtzugaben zurückschneiden und auf rechts wenden. Zwei weiße Filzdreiecke mit Schnitt 61 zuschneiden und an jedes Pelzohr eines heften.

2 Das Teil für den Hinterkopf auf die Arbeitsfläche legen, Fellseite nach oben. Ohren darauflegen, Fellseite nach oben, Schnittkante an Schnittkante. Heften. Kopfvorderseite mit der rechten Seite nach unten darauflegen. Stecken und mit 1 cm Nahtzugabe Außenkanten zusammennähen, Nahtzugabe an Rundungen einschneiden. Auf rechts wenden. An der Unterkante des Kopfes, dicht am Gesichtsausschnitt, je ein Band für die Schleife anbringen.

3 Ein 55 x 12 cm großes Stück aus dem Fellstoff schneiden. Längs in der Mitte falten und mit 1 cm Nahtzugabe die Längskante und eine Schmalseite abnähen. Nahtzugabe zurückschneiden. Auf rechts wenden, wenn nötig mit einer Stricknadel oder Ähnlichem nachhelfen.

4 Die offene Kante des Schwanzes an die Leggings stecken, genau unterhalb des Taillenbundes, und festnähen. Mit Schnitt 1 einen Kragen aus weißem Filz zuschneiden. Dieser wird nicht angenäht, stattdessen Klettband auf die Unterseite eines Endes nähen, das Gegenstück auf die Oberseite des anderen Endes.

TIPP

Um den Schnitt für ein anderes Kostüm zu verwenden, wählen Sie entsprechenden Fellstoff und ändern Sie die Ohren z. B. für einen Hund, eine Maus oder ein Häschen, das statt eines Schwanzes einen Pompon erhält.

Frankenstein

Er lebt! Ein Blitz von 10 000 Volt war nötig, um Frankensteins Monster zum Leben zu erwecken. Sie dagegen brauchen nur ein paar Kartons, etwas Stoff, Nadel und Faden. Dann sind nur noch einige gruselige Grimassen einzuüben, um an Halloween die größte Süßigkeitenausbeute einzufahren.

Material

* Filz in Braun für das Oberteil, 114 x 110 cm, dazu passendes Nähgarn
* Stoff in Grau für die Hose, 124 x 85 cm, dazu passendes Nähgarn
* Stoffreste für Flicken
* Zackenschere
* Stickgarn und -nadel
* Cutter
* Pappkarton für den Kopf, ca. 17 x 17 x 20 cm
* Farbe auf Wasserbasis in Grün und Braun, Pinsel
* Filz in Schwarz
* Bastelkleber
* Filzstift in Schwarz
* 2 Flaschenverschlüsse
* 2 Pappschachteln für die Schuhe, ca. 23 x 11 x 9 cm
* 2 Schnürsenkel in Schwarz, 70 cm lang

1 Das Oberteil und die Hose mit den Schnitten 75a, 75b und 76 und nach den Anleitungen auf den Seiten 122 und 123 anfertigen. 10 cm große Quadrate aus unterschiedlichen Stoffen mit der Zackenschere zuschneiden und beliebig angeordnet auf das Oberteil nähen. Mit Stickgarn und groben Stichen umsticken.

2 Mit dem Cutter den Karton oben für den Kopf aufschneiden und umdrehen. Aus den Seiten Öffnungen für die Ohren heraustrennen und auf der Vorderseite für die Augenpartie. Kopf grün anmalen und gut trocknen lassen.

3 Aus schwarzem Filz sechs Streifen von 15 x 2 cm schneiden und oben auf den Kopf kleben. Auch aus Filz zwei Augenbrauen schneiden und auf das Gesicht kleben.

Halloween

5 Die Schachteln für die Schuhe oben aufschneiden. Etwa 3 cm von der Rückseite entfernt ein ca. 9 cm langes Oval in jede Schachtel schneiden. Ausprobieren, ob die Füße des Kindes durch die Löcher passen. Schuhe braun anmalen und gut trocknen lassen.

4 Mit Filzstift eine Narbe auf das Gesicht zeichnen. Flaschenverschlüsse wie Stahlbolzen an die Kopfseiten kleben, so lange festdrücken, bis sie halten.

TIPP

Verwenden Sie für Frankensteins übergroße Schuhe alte Schuhkartons oder ähnlich große leere Obstkisten. Achten Sie jedoch darauf, dass die Kartons nicht so groß sind, dass sie einen Unfall verursachen können.

6 Zur Verschönerung die Nähte und Schnürsenkelösen mit Filzstift auf die Schuhe malen.

7 Für die Schnürsenkel kleine Löcher bohren. Die Schnürsenkel durch die Löcher fädeln. An jedem Schuh eine Schleife binden.

Halloween

Techniken

Stoffe

Die meisten in diesem Buch verwendeten Stoffe sind leichte Kleiderstoffe, die in einer breiten Palette an Farben und Mustern erhältlich sind. Für Kostüme eignen sich besonders Stoffe, die wenig ausfransen, weil so das Säumen entfällt. Filz ist sehr geeignet, da er einfach zu nähen ist, nicht ausfranst und in allen guten Bastelgeschäften vorrätig ist. Er empfiehlt sich weniger, wenn Sie die Kleidung regelmäßig waschen möchten. In diesem Fall sollten Sie einen waschbaren Stoff wählen und diesen säumen oder den Filz entfernen, bevor Sie das Kleidungsstück in der Maschine waschen.

Bevor Sie etwas zuschneiden, schrumpfen Sie die Stoffe (außer Wolle und Filz) durch Vorwaschen ohne Weichspüler oder andere Zusätze vor. Vor dem Verarbeiten trocknen und bügeln.

Schnittmuster verarbeiten

Die Schnitte in diesem Buch sind in Originalgröße wiedergegeben. Übertragen Sie sie auf Paus- oder Schnittmusterpapier, das Sie im Kurzwarenhandel erhalten. Die Schnitte in der gewünschten Größe abpausen (die Legende gibt Auskunft, welcher Umrisslinie man folgen muss) und ausschneiden. Das Zuschneiden der Stoffteile mit der Zackenschere verhindert das Ausfransen der Schnittkanten. Ein weiterer Vorteil ist, dass die Kanten zum Versäubern so nur einmal, nicht zweimal umgeschlagen werden müssen. Bei jedem Schnitt ist eine Nahtzugabe (Abstand von der Stoffaußenkante zur Nahtlinie) von 1 cm berücksichtigt.

Legen Sie den Schnitt auf den Stoff (wenn Sie zwei Stücke schneiden müssen, den Stoff zuerst falten). Am Stoffbruch ausrichten, wenn angegeben – so erhalten Sie ein symmetrisches Stück in der doppelten Größe des Schnitts. Den Schnitt mit Stecknadeln auf den Stoff stecken und rundherum ausschneiden (oder zuerst anzeichnen, wenn Ihnen das leichter erscheint). Darauf achten, den Papierschnitt zu wenden, wenn ein rechtes und ein linkes Teil benötigt wird (oder den Stoff doppelt legen).

Um markierte Stellen auf den Stoff zu übertragen, Kohlepapier zwischen Papierschnitt und Stoff legen und die Stellen mit einem Kopierrädchen (ebenfalls im Kurzwarenhandel erhältlich) markieren.

Schnitte herstellen

1 Das Motiv mit einem weichen Bleistift auf Pauspapier zeichnen.

2 Das Papier wenden, auf festes Papier oder Pappe legen und die Linie durch nochmaliges Nachziehen auf der Rückseite auf ein Stück Karton übertragen.

3 Das Motiv mit einer Schere oder einem Cutter auf einer Schneidematte ausschneiden. Dann den Schnitt auf den gewünschten Stoff legen und die Umrisse mit Schneiderkreide oder einem Stoffmarkierstift nachzeichnen.

Handnähstiche

Im Folgenden werden die wichtigsten Handstiche zum provisorischen oder dauerhaften Zusammenfügen von zwei Stoffteilen vorgestellt.

Heften

Mit diesem Stich werden Stoffteile vorübergehend zusammengehalten, bis sie endgültig zusammengenäht werden. Die Heftnaht wird danach wieder entfernt. Es empfiehlt sich, ein kontrastfarbenes Garn zu verwenden, damit die Heftstiche gut erkennbar sind.

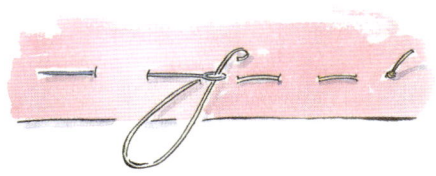

Den Faden verknoten und mit langen Vorstichen (siehe rechts) durch alle Stofflagen nähen.

Saumstich

Er ist fast unsichtbar und eignet sich gut zum Säumen. Er wird auch zum Schließen von Öffnungen verwendet, z. B. wenn in einer Saumnaht eine Öffnung zum Wenden gelassen wurde. Die Naht wird meist von rechts nach links gearbeitet, von links nach rechts ist aber auch möglich.

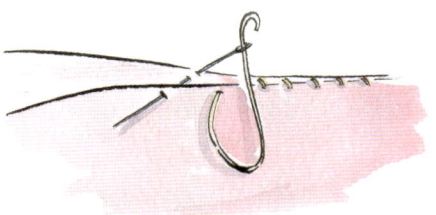

Um das verknotete Fadenende zu verbergen, Faden zwischen beide Stofflagen gleiten lassen und die Nadel nahe der Kante des oben liegenden Stoffes ausstechen. Vom unteren Stoff mit der Nadel ein oder zwei Stofffäden anheben, schräg versetzt wieder durch den oberen Stoff hervorstechen, Faden durchziehen. So fortfahren.

Vorstich

Der Vorstich ist vermutlich der leichteste aller Handstiche. Er wird häufig verwendet, um ein Stück Stoff zu kräuseln, aber auch für Stickereien eingesetzt.

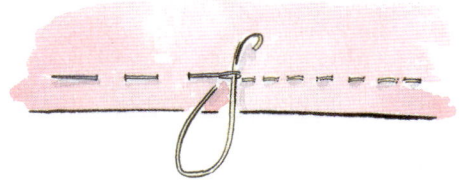

Er wird von rechts nach links gearbeitet, man kann aber auch von links nach rechts arbeiten. Stechen Sie die Nadel mehrmals in den Stoff ein und wieder aus, ziehen Sie dann die Nadel mit dem Faden durch. So fortfahren, dabei auf gleichmäßige Stichlänge und gerade Linienführung achten.

Nahtzugaben zurückschneiden

Wenn Sie zwei Stoffe zusammengenäht haben, müssen Sie evtl. die Nahtzugabe zurückschneiden, damit die Naht nicht aufträgt und der Stoff flach liegt.

Um saubere rechte Winkel zu erhalten, wenn das Stück auf rechts gewendet wird, Nahtzugabe an Ecken schräg abschneiden. Dabei nicht in die Nähstiche hineinschneiden!

An Rundungen senkrecht bis knapp an die Naht in die Nahtzugabe schneiden, damit das Kleidungsstück ordentlich aussieht, wenn es auf rechts gewendet wird.

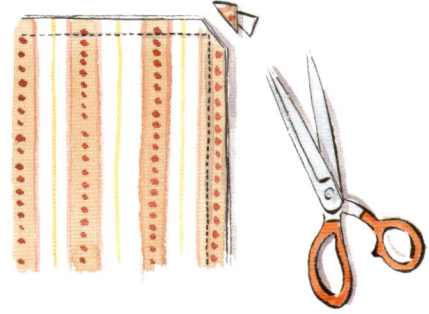
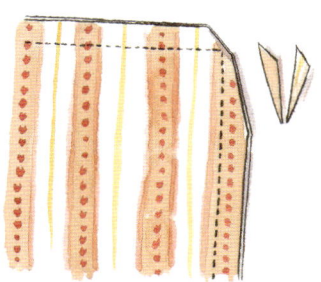

Techniken

Einen Dehnbund arbeiten

Ein dehnbarer Bund ist einfach zu machen und ideal für Kinderkleidung, die leicht an- und auszuziehen sein soll. Die gleiche Technik lässt sich auch an Ärmel- und Hosensäumen anwenden.

1 Den oberen Rand in der gewünschten Breite umschlagen und so festnähen, dabei eine kleine Öffnung in der Naht lassen. Für eine saubere Verarbeitung die obere Kante einmal absteppen.

2 An einem Ende des Gummibandes eine Sicherheitsnadel befestigen und das Gummiband durch die Öffnung in den Tunnelsaum ziehen.

3 Bund mit dem Gummiband bis zur gewünschten Weite zusammenziehen, Enden mit der Maschine zusammennähen und in den Bund schieben. Öffnung mit Saumstichen oder der Maschine schließen.

Kostümgrundschnitte

Viele Kostüme basieren auf Basiselementen, die auf vielfältige Weise zum Einsatz kommen. Hier einige Anleitungen:

Grundschnitt Oberteil

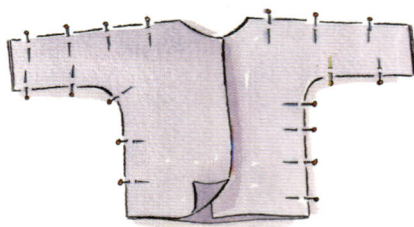 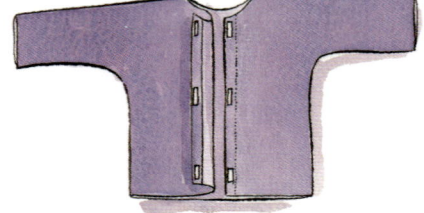 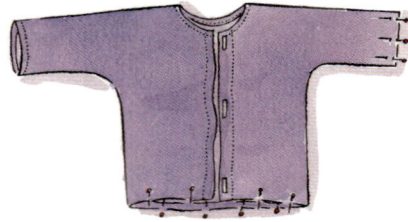

1 Die Schnitte 75a und 75b übertragen, ausschneiden und entlang den Markierungslinien zu einem großen Schnitt verbinden. Ein Vorderteil und zwei Rückenteile aus Stoff zuschneiden. Rechts auf rechts stecken und mit einer Nahtbreite von 1 cm die Rückenteile an das Vorderteil nähen, entlang der Oberkante und Unterseite der Ärmel sowie den Seiten. Nahtzugaben unter den Armen einschneiden. Nähte auseinanderbügeln.

2 Oberteil auf rechts wenden. Rückenteile an den Längskanten 2 cm umschlagen. Stecken und nahe der Schnittkante steppen. Auf der Mitte der Rückenkanten zwei Stücke Klettband aufnähen (an einer Kante unten, an der anderen oben), der Abstand zur Oberkante muss an beiden Kanten gleich sein. Oben und unten an den Kanten ebenso verfahren, dabei die obige Zeichnung zur Hilfe nehmen.

3 An der Unterkante, am Halsausschnitt und an den Unterkanten der Ärmel 1 cm umbügeln. Die Säume zunächst feststecken, dann steppen. Anschließend das Oberteil bügeln.

Techniken

Grundschnitt Hose

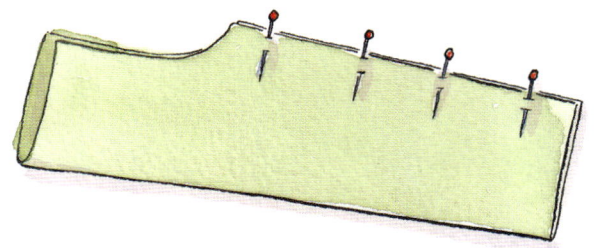

1 Mit Schnitt 76 zwei Beine aus Stoff zuschneiden. Rechts auf rechts zusammenlegen, stecken und die Längskanten beider Hosenbeine nähen, die Nahtzugabe beträgt 1 cm. Nähte auseinanderbügeln.

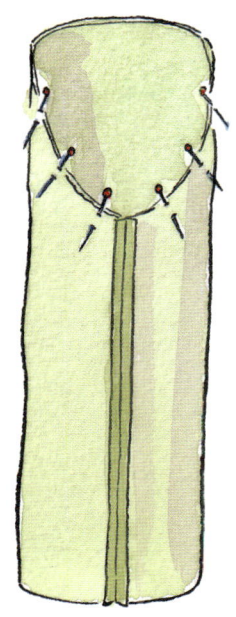

2 Ein Bein auf rechts wenden und in das andere Bein einlegen. Beide Nähte genau aneinander ausrichten und stecken. Mit 1 cm Nahtzugabe den Schritt (bis Oberkante Hose) nähen. Zur Verstärkung möglichst eine zweite Naht darübernähen. Entlang der Rundung die Nahtzugabe mehrmals bis knapp an die Naht einschneiden, dabei die Naht nicht durchtrennen. Hose auf rechts drehen und bügeln.

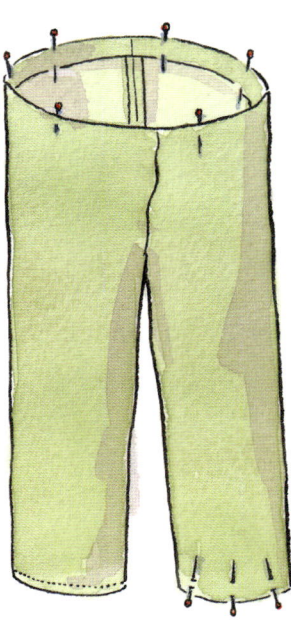

3 Am oberen Rand 2 cm umbügeln und stecken. Dann dicht an der Schnittkante nähen, sodass ein „Tunnel" entsteht. Eine kleine Öffnung in der Naht lassen. Ein Gummiband in den Tunnel einziehen (siehe Seite 122) und die Öffnung schließen. 1 cm am unteren Rand jedes Beins umbügeln, dann die Säume stecken und nähen. Bügeln.

Grundschnitt Weste

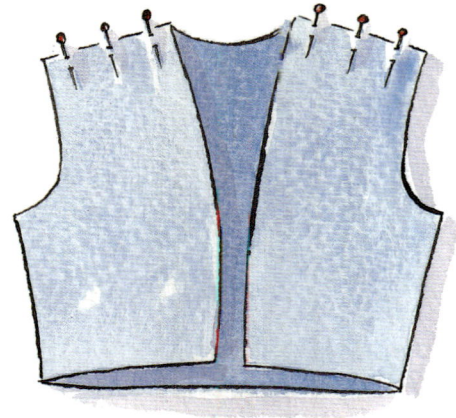

1 Mit den Schnitten 72 und 73 je ein Rückenteil und zwei Vorderteile aus Hauptstoff und Futterstoff zuschneiden. Rechts auf rechts zusammenlegen, stecken und die Vorderteile und das Rückenteil des Hauptstoffs mit 1 cm Nahtzugabe an den Schultern aneinandersteppen. Ebenso mit dem Futter verfahren. Nähte auseinanderbügeln.

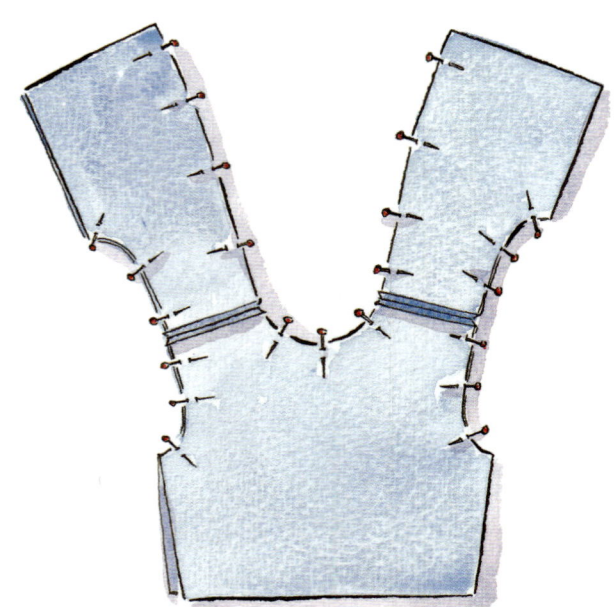

2 Das Futter rechts auf rechts mit 1 cm Nahtzugabe an den Hauptstoff stecken und um den Hals, an den Längskanten beider Vorderteile und um die Armausschnitte nähen. Die Nahtzugaben in den Kurven einschneiden, damit sie sich flach legen.

3 Auf rechts wenden, dazu die Vorderteile durch die Schultern ziehen. Bügeln.

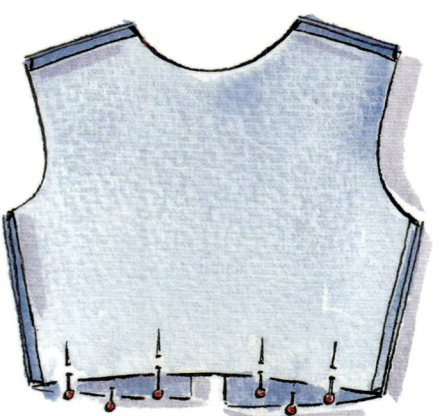

4 Vorderteile mit dem Rückenteil des Hauptstoffs rechts auf rechts an den Seiten zusammenstecken und mit der Maschine mit 1 cm Nahtzugabe nähen. Ebenso mit dem Futter verfahren. Rechts auf rechts einen Saum von 1 cm am unteren Rand stecken und nähen, eine Öffnung von ca. 7,5 cm lassen. Ecken schräg abschneiden. Durch die Öffnung auf rechts wenden, bügeln und Öffnung mit Saumstichen schließen.

Grundschnitt Umhang

1 Stoff der Breite nach in der Mitte falten, Webkanten zusammenstecken. Zum Anzeichnen der gerundeten Kanten ein langes Stück Schnur an einen Stift binden. 7,5 cm vom Stift einen Knoten in die Schnur binden. Diesen an eine der eingefalteten Stoffecken halten und einen Bogen (einen Viertelkreis) zeichnen.

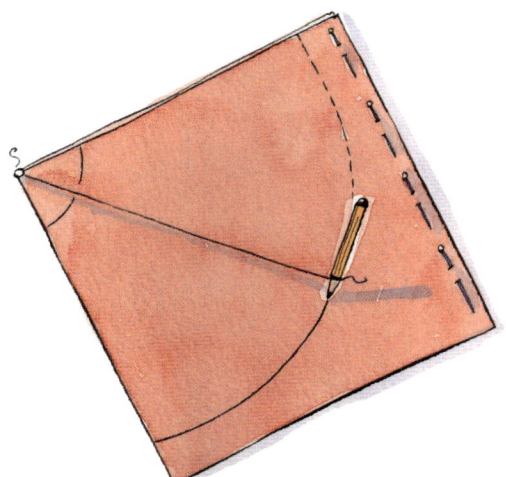

2 60 cm vom Stift aus noch einen Knoten einbinden. Diesen an dieselbe Ecke halten und noch einen Bogen zeichnen. Entlang diesen Linien den Stoff durch beide Lagen zuschneiden.

3 Ebenso mit dem Futterstoff verfahren. Zwei Bänder schneiden und jeweils mit einem Ende an eines der Umhangteile heften (Schnittkanten liegen aufeinander, der Abstand zur Halsausschnittkante beträgt an jeder Seite 1 cm). Umhangteile rechts auf rechts stecken und 1 cm breit zusammensteppen. An der Unterkante eine Öffnung von 10 cm lassen.

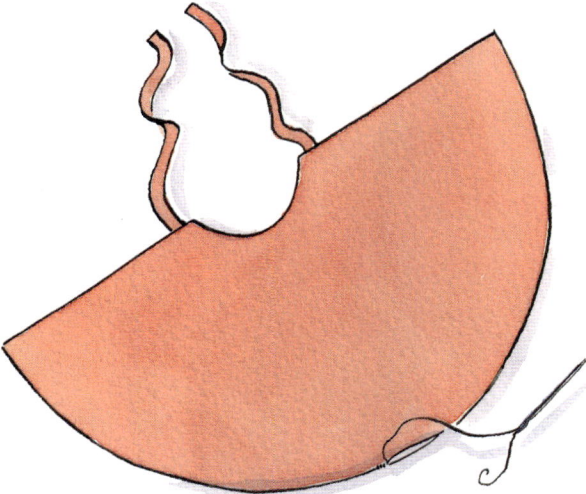

4 Die Nahtzugabe an der Bogenkante einschneiden. Auf rechts wenden und die Öffnung mit Saumstich schließen. Bügeln. Wenn gewünscht, noch einmal im Kantenabstand von ca. 1 cm den Rand von außen übersteppen.

Techniken

Grundschnitt Kleid

1 Mit den Schnitten 74 und 76 je zwei Stück Stoff zuschneiden. Rechts auf rechts der Zeichnung entsprechend einen Ärmel mit 1 cm Nahtzugabe an ein Kleidteil steppen. Den anderen Ärmel ebenso an das gleiche Kleiderteil nähen. Nahtzugaben einschneiden und Nähte auseinanderbügeln.

2 Das zweite Teil des Kleids auf die gleiche Weise an die Ärmel stecken und nähen.

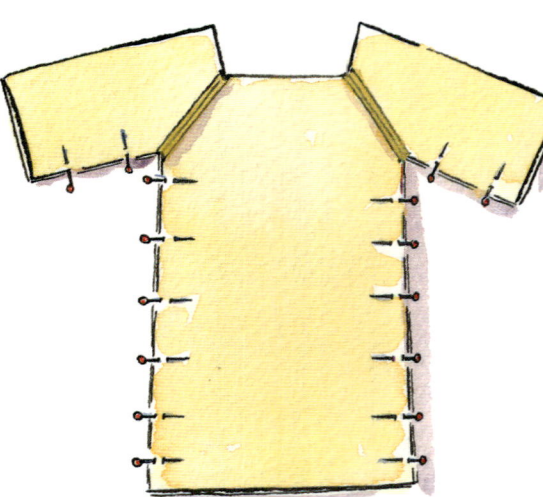

3 Die Unterseiten der Ärmel und die Seiten des Kleids rechts auf rechts stecken und mit 1 cm Nahtzugabe nähen. Nahtzugaben unter den Armen einschneiden und Nähte auseinanderbügeln.

4 Entlang dem Halsausschnitt 1 cm zur Rückseite umbügeln. Ringsherum stecken und nähen, eine kleine Öffnung lassen. Gummiband durch diesen Tunnel einziehen (siehe Seite 122), Öffnung zunähen. Am unteren Rand des Kleides und an den unteren Kanten der Ärmel 1 cm zur Rückseite umbügeln; stecken und nähen.

Techniken

Bezugsadressen

STOFFE/VLIESE

Coats GmbH, Kenzingen (D)
www.coatsgmbh.de

Coats Harlander GmbH, Wien (A)
www.coatscrafts.at

Coats Stroppel AG, Turgi (CH)
coatscrafts.ch

Freudenberg Vliesstoffe KG, Heidelberg
www.vlieseline.de

Westfalen Stoffe AG, Münster
www.westfalenstoffe.de

NÄHGARN

Gütermann AG, Gutach-Breisgau
www.guetermann.com

Prym Consumer GmbH, Stolberg
www.prym-consumer.de

KNÖPFE

Dill Knopffabrik-Galvanotechnik GmbH & Co KG, Bärnau Beierfeld
www.dill-buttons.de

Union Knopf GmbH, Bielefeld
www.unionknopf.de

Dank

Ein riesiges Dankeschön an Terry Benson für die großartigen Fotos und die harte Arbeit an den richtigen Einstellungen. Sehr dankbar bin ich auch Jodie Allen für all ihre Hilfe, Unterstützung und für ihre schönen Hände! Mit euch beiden zu arbeiten war ein echtes Vergnügen.
Danke an Leonora French für das wunderbare Modellstehen. Danke an Pete Jorgensen, der alles in Form gebracht hat und während des gesamten Projekts unermüdliche Hilfe leistete, an Alison Wormleighton für geduldiges und einfühlsames Redigieren, an Louise Leffler für die tolle Gestaltung, an Sally Powell für das Casting der entzückenden Models und Cindy Richards, die mir den Auftrag für dieses Buch gegeben hat.
Und wie immer mein Dank an euch: Laurie, Gracie und Betty.

Register

Applikationen 11, 14, 18, 34, 37, 40, 90, 98, 106, 111, 112
Applikationsvlies s. Bügeleinlage
Astronaut 36-39
Außerirdischer 108-111

Bart 70
Bastelkarton 36, 50, 56, 77, 94, 98
Baumwolljersey 26, 42, 45
Blüten
  aus Bändern 62
  aus Filz 64-65, 92-93
Blütenköpfchen 64-65
Blütenkränze
  Blütenköpfchen 64-65
  Hula-Mädchen 93
Bogen anzeichnen 125
Borte 56, 60, 90
Bügeleinlage 14, 18, 40, 68, 98
Bund mit Gummizug 122
Buntpapier 85

Cape s. Umhang
Clown 100-101
Cowboy und Pferd 80-83
Cupcake 74-77

Dinosaurier 14-17

Engel 68-69
Epauletten 47

Farbe
  auf Wasserbasis 36, 80, 85, 108, 116
  Sprühfarbe 36
  Textilfarbe 107
Färben 107
Feder 90
Federboa 56
Fee 60-63
Fell 22, 25, 26, 30-31, 70, 114
  braun 70, 72, 74, 80, 116
  dick 64-65, 112
  goldfarben 94
  grün 106
  rot 50, 70, 74, 88
  schwarz 72, 105, 106, 108, 116
  weiß 68-69, 74, 112, 114-115
Flaschenverschlüsse 36, 85, 116
Flicken 116
  s. auch Applikationen
Flügel 12, 18, 62-63, 68-69
Frankenstein 116-119
Froschfüße 111
Fühler 12, 19
Füllwatte 14, 22, 26, 68
Füttern 67
Futterstoff 56, 60, 80

Gerippe s. Skelett
Geweih 20

Gladiator 50-53
Goldlitze 47, 94
Grundschnitte
  grün 106
  gestreift 105
Gummiband 26, 36, 60, 106
Gummistiefel 70
Gummizug 111, 122
  an Hosen 34, 123
  an Kleidern 12, 126
  an Röcken 53, 122

Haarreifen 12, 19
Haarspange 60
Halstuch 80
Handschuhe 20, 108, 112
Handstänche 121
Hauben
  Krankenschwester 88
  Ritter 45
  Spinne 29
Heften 121
Heiligenschein 69
Heinzelmann 70-71
Helme
  Astronaut 37-39
  Gladiator 51-52
Hemden 47, 80
Hexe 104-105
Hosen, Grundschnitt 123
Hulamädchen 92-93
Hüte
  Clown 100-101
  Cowboy 80-81
  Heinzelmann 70
  Hexe 105
  Kirschhut 77
  Kürbis 106
  Pirat 34
  Prinzessin 59
  Torero 48
  Zauberer 98

Indianer 90-91

Jeans 80

Kapuze 17, 24, 67
Karostoff 14, 66, 68-69, 74
Kleid, Grundschnitt 126
Kleiderbügel 11, 60
Kniebundhosen 34, 94
Knöpfe 18, 34, 74, 80, 101
König und Königin 94-97
Kord 50
Krankenschwester 88-89
Kräuseln 56, 60, 89, 105
Kronen 97
Kunststoffbogen 74
Kürbis 106-107

Lämmchen 30-31
Lebkuchenmann 72-73
Leder 50

Leggings 20, 26, 30
  schwarz 47, 48, 112, 114
  grün 106
  gestreift 105
Löwe 22-25
Löwenmähne 25
Luftballon 36, 37, 108

Marienkäfer 10-13
Masken
  Superheld 40
  Totenmaske 112
  Musterbeutelklammern 50

Nahtzugaben 121

Oberteile, Grundschnitt 122
  gestreift 34
  langärmlig 42, 56, 108, 114
  mit Kapuze 20
Ohren 31, 114
  Spaghetträger 60
  weiß, ohne Ärmel 92
Organza 56

Paillettenschnur 60
Pappmaché 37-38, 108
Papiermaché s. Pappmaché
Pappe 20, 45
Pappkartons
  Frankensteinkopf 116
  Pferd 83
  Roboter 85-86
  Schuhe 119
Pappmaché 37-38, 108
Pelz 94, 114
Pelzcape 94
Pfeifenreiniger 11, 18, 85, 92, 106, 108
  Pirat 34-35
  Plastikflaschen 36
  Plastikschlauch 36
Plastikverschlüsse 85-86
Pompons 20-21, 100
Prinzessin 56-59

Ritter 42-45
Roboter 84-87
Rohrisolierung 36
Rotkäppchen 66-67

Samt 94
Sandalen, Gladiator 50-52
Satin 40, 47, 94, 98
Saumstich 121
Schlips 48
Schmetterling 18-19
Schmucksteine 94, 97
Schnitte selber machen 120
  Größen 6
  Schnittmusterbögen, s. Anlage
Schnürsenkel 116, 119

Schuhe
  aus Pappschachteln 119
  Ballettschuhe 60
  Schleifen für Schuhe 10, 11
  Schwarzer Kater 114-115
  Schwert 45, 51
Sheriffstern 81
Sicherheitsnadel 30, 34, 36
Skelett 112-113
Socken für Ohren 31
Spaghetträgerhemd 60
Spinne 26-29
Sterne 98
Stickgarn 42, 70, 72, 112, 116
Stirnband, Indianer 90
Stoffe 6, 120
Stoffmarkierstift 120
Strampelanzug 14
Strumpfhosen
  für Flügel 11, 60
  für Spinnenbeine 26
Styroporkugeln 108
Superheld 40-41

Taft 60
Tierköpfe
  Lämmchen 31
  Löwe 24-25
  Schwarzer Kater 114
  Torero 46-49
  Zauberer 98
Tüll 60, 105
Tunnel 12, 31, 34, 98, 100, 111, 122

Umhänge, Grundschnitt 125
  Gladiator 52
  König und Königin 94
  Krankenschwester 88
  mit Kapuze 66-67
  Superheld 40-41
  Torero 48
  Zauberer 98
Unterrock 53

Volumenvlies 14, 18, 20
Vorstich 121

Wappenrock 42-43
Wattekugeln 85
Weste, Grundschnitt 124
Wildleder 22, 50, 80, 90

Zackenlitze 46, 47, 56, 74, 94, 100
Goldlitze 47, 94
Riesenzackenlitze 66, 72
Zauberer 98-99
Zeitungspapier für Pappmaché 37, 108
Zierband 11, 30, 36, 50, 60, 64, 66, 92, 105
Samtband 105
Zipfelmütze 70